DIE KRAFT DER GEDANKEN

.. UND WIE DIESE
JNSER LEBEN PRÄGEN

WOLFGANG FASCHING

„WENN ICH EINEN SATZ AUSWÄHLEN SOLLTE, UM MEINE GANZE LEHRE ZUSAMMENZUFASSEN, WÜRDE ICH SAGEN:
LASS NICHTS BÖSES IN DEINEN GEDANKEN SEIN!"

KONFUZIUS

Impressum

4. Auflage

Die Sportagentur – Doris Fasching
Oberschwaig 62
A-4671 Neukirchen
www.fasching.co.at

ISBN: 978-3-902480-42-2
e-book: 978-3-902480-43-9

Lektorat:
Mag. Katja Rigo

Coverfoto: Clemens Toscani
Foto S. 115: Privatarchiv Fasching

Coverdesign, Gestaltung und Typografie:
Clemens Toscani / studio.toscani.at

Druck:
1A Media GmbH
6103 Reith bei Seefeld
www.1a-media.at

Gesamtherstellung:
egoth Verlag

Wolfgang FASCHING

DIE KRAFT DER GEDANKEN

... und wie diese
unser Leben prägen

INHALT

DER GEDANKE ALLEIN IST NICHT GENUG

ERFOLGREICH DENKEN, ERFOLGREICH HANDELN

VORWORT

WARUM DIESES BUCH?

In den vergangenen Jahren habe ich viele Komplimente erhalten für das Buch „Du schaffst was Du willst", und ich freue mich heute noch über all diese Worte. Dieses Werk hat mich, den Extremsportler, auch als Buchautor bekannt gemacht, und zu einem sogenannten Bestseller-Autor. Ich müsste in meinen Unterlagen nachsehen, um zu eruieren, wie oft sich dieses Buch genau verkauft hat. Sicher hat „Du schaffst was Du willst" auch deswegen großen Anklang gefunden, weil es gut vermarktet war und es einen richtig guten, tollen, griffigen Titel hat.

Doch wir alle entwickeln uns weiter, Tag für Tag, Woche für Woche, Monat für Monat, Jahr für Jahr, und so mache auch ich neue Erlebnisse und gewinne daraus neue Erkenntnisse. Deswegen halten Sie mein neues Buch in den Händen, das Buch eines Mentalcoachs, Lebens- und Sozialberaters. Mit „Die Kraft der Gedanken" werden Sie damit konfrontiert, womit alles beginnt – mit Gedanken. Stellen Sie sich vor: Sie sitzen mit anderen zusammen, zu Tisch, oder vor dem Kamin, und sinnieren über Erfolg und Motivation, über Geld und Liebe. Sie plaudern über vergangene Ereignisse, über die Tagesaktualität, über bevorstehende Aufgaben. Die Stimmung ist gelöst.

Es sind nicht nur, aber auch diese Momente, in denen die Macht der Gedanken spürbar wird. Pläne werden geschmiedet, Ideengänge kreiert und wieder verworfen. Dieses Buch soll Sie unterstützen, Ihre Gedanken richtig einzuordnen. Viele Aspekte werden angesprochen und erläutert, nicht mit allen müssen Sie konform gehen, denn nicht jede mentale Technik sagt jedem zu! Wählen Sie das aus, was Ihnen am meisten zuspricht. So, wie Gespräche unter Freunden nicht den Anspruch erheben, objektiv hundertprozentig richtig zu sein, so erhebt dieses Buch nicht den Anspruch, alle Herausforderungen und Probleme eines jeden Einzelnen lösen zu können. Der Gedanke steht dabei im Mittelpunkt, denn der Gedanke ist die Basis für all unser weiteres Tun. Wer denkt und nachdenkt befindet sich immer auf dem richtigen Pfad!

Denn zuerst einmal entscheidet sich auf gedanklicher Ebene der weitere Weg zur Tat. Werde ich zuversichtlich mit meinem Weg zum Ziel beginnen, oder fange ich an, daran zu denken, dass es verdammt schwer wird, die gesetzten Meilensteine im Berufs-, im Privatleben, in der Freizeit zu erreichen? Wie oft ertappen wir uns dabei, Gedanken zur Seite zu schieben, mit der Begründung, dass wir unsere Ziele ohnehin nicht umsetzen können – aus Zeit- oder Geldmangel, oder aufgrund fehlender Erfahrungen. Gute Vorsätze scheitern sehr oft an noch besseren Ausreden.

Tatsache ist: Solange wir uns nicht zutrauen, Visionen, Wünsche, Träume zu haben, und daraus Ziele zu formulieren, solange werden wir sie auch mit Sicherheit nicht erreichen. Wer sagt, „das geht ohnehin nicht, das schaffe ich nicht", der schränkt sich durch seine Worte schon von vornherein ein und wird auch mit großer Wahrscheinlichkeit nicht erfolgreich sein. Positives Denken allein reicht allerdings nicht. Man muss auch ins Handeln kommen. Wer viel tut, traut sich viel zu. Wenn alles bestens läuft – wenn ich viele Bücher verkaufe, Gipfel besteige, Vorträge halte –, dann ist es leicht, positiv zu denken. Doch gerade dann, wenn Schwierigkeiten auftreten, ist es wichtig, positiv und optimistisch zu bleiben – denn in diesen Momenten sollte man das Beste aus der Situation machen.

Davon handelt das vorliegende Buch – Gedanken zu schmieden und zu erreichen, woran man denkt. Meinen „Klassiker", „Du schaffst was Du willst", ein lieb gewordenes Werk, wird es weiterhin geben, als Taschenbuch und Hörbuch. Doch lassen Sie sich jetzt mitreißen mit unseren Gesprächen aus der Welt der Gedanken und Taten, und glauben Sie an die „Kraft der Gedanken"! Allerdings ist dieses Buch kein Ersatz für eine fachmännische Beratung und Behandlung, wenn Sie unter psychischen Schwankungen oder Störungen leiden sollten. Wenden Sie sich in diesen Fällen an Ärzte oder Psychotherapeuten!

Ich wünsche Ihnen eine gute Lektüre und hoffe, dass auch Sie von diesem Buch für sich, für Ihr Leben und für Ihr Umfeld profitieren.

Ihr Wolfgang Fasching

WO SICH GEDANKEN WOHLFÜHLEN UND WO NICHT

KOMFORTZONE – GEWOHNHEIT UND VERÄNDERUNG

Der Mensch ist ein Gewohnheitstier, und deswegen fällt es ihm schwer, aus seinen Mustern auszubrechen und sich zu verändern. Sie stimmen dem nicht zu? Überprüfen Sie doch mal Ihre Aktivitäten der letzten drei, vier Tage. Sie sind jeden Tag aufgestanden, ins Bad gegangen, haben die Zähne geputzt, sich Ihr Frühstück zubereitet (oder sich an den Frühstückstisch gesetzt), sind den immer gleichen Weg zur Arbeit gegangen oder gefahren, haben in etwa immer zur gleichen Zeit Mittagspause gehalten und sind nach weiteren Stunden der Arbeit nach Hause zurückgekehrt. Abendessen, mit den Kindern spielen, fernsehen, ab ins Bett. Und am nächsten Tag das Gleiche von vorne. (Sie können gerne auch Ihr Haus mit einem Hotel, Ihren Gang zur Arbeit mit der Fahrt zum Flughafen, Ihre Spielstunde mit den Kindern mit Ihrem täglichen Wirtshausbesuch oder mit Ihrem Skype-Telefonat, das Ihre Fernbeziehung am Leben erhält, ersetzen. Dennoch, Routine bleibt Routine.)

Doch was, wenn Sie nach dem beruflichen Alltag nach Hause kommen und etwas erschöpft sind? Dabei haben Sie in Ihren Gedanken doch vor, sich gerade heute nach der Arbeit etwas zu bewegen: spazieren zu gehen oder Sport zu betreiben. Sie kommen nun nach Hause und Sie denken in Ihrem gewohnten Schema. Wie angenehm wäre es jetzt, sich auf das Sofa zu setzen, den Fernseher einzuschalten und etwas zu essen. So wird aus diesen Gedanken eine Handlung, die zu einem gewohnten Ablauf führt. Obwohl Sie wissen, dass es wesentlich gesünder wäre und dass Ihnen vielleicht auch Ihr Arzt geraten hatte, etwas für Ihre Gesundheit zu tun, führen Ihre Gedanken unweigerlich zu Ihrem gewohnten Verhalten. Einer Gewohnheit, die schließlich zu Ihrem Schicksal werden kann. Denn um ein Verhalten dauerhaft zu ändern, gehört die Einstellung überdacht.

Warum es nun so schwer ist, aus einem Gewohnheitsritual auszubrechen, kann dadurch erklärt werden, dass die Gehirnzellen Informationen über die Synapsen weiterleiten. Synapsen sind Kontaktstellen zwischen Nervenzellen (oder Neuronen) und anderen Zellen (wie Sinnes-, Muskel- oder Drüsenzellen) oder zwischen Nervenzellen untereinander. Sie dienen der Signalübertragung sowie der Speicherung von Information. Die Zahl der Synapsen im Gehirn eines Erwachsenen beträgt etwa 100 Billionen. Wenn sich Verhalten immer wieder wiederholt, entstehen Bahnen im Gehirn. Das heißt: Die Botschaft wird über die Synapsen von Gehirnzelle zu Gehirnzelle schneller und ökonomischer übertragen. Die Dinge geschehen also fast von selbst.

Etwas zu tun, ist eine Gewohnheit. Etwas nicht zu tun, ist ebenfalls eine Gewohnheit.

Wollen Sie nun aus diesem eingespielten Verhalten ausbrechen, benötigen Sie einen sehr hohen Energieaufwand und viel Kraft, um sich gegen die Macht der Gewohnheit aufzulehnen und um eine neue Bahn (ein neues Verhalten) aufzubauen und zu entwickeln. Daher ist der einfachere Weg kurzfristig betrachtet immer der bequemere, doch langfristig entstehen dabei oft Passivität und Resignation – man findet sich eben mit seinem Schicksal ab. Schlechtes Gewissen hin oder her.

Wir bewegen uns in der Komfortzone und denken oder agieren nicht darüber hinaus. Gewohnheiten sind Teil der Komfortzone, und es ist einerlei, ob wir uns mit diesen wohlfühlen oder nicht – sicher fühlen wir uns aber allemal. Denn zu dieser Zone gehören beispielsweise auch all jene Dinge bzw. Vorgangsweisen, die Sie können, oder Plätze, die Sie bereits gesehen haben. Sagen wir, dass Sie längere Zeit in einer fremden Stadt gelebt haben, oder dass Sie ein unbekanntes Land bereist haben. Wenn Sie dorthin zurückkehren, werden Sie wissen, wie man sich zu verhalten hat, auf was zu achten ist, wo potenzielle Gefahren lauern. Sie kennen sich aus und fühlen sich sicher. Wenn ich zu mir schon bekannten Gipfeln aufbreche, weiß ich, was mich dort erwartet, und ich treffe meine Vorkehrungsmaßnahmen. Ich berufe mich auf meine Erinnerungen aus dem Gedächtnis und ich blättere in meinen Aufzeichnungen. Vielleicht bin ich nervös, weil beispielsweise die Witterungsbedingungen sich ständig ändern können, aber nicht ängstlich – ich lasse mich nicht auf ein komplett neues Abenteuer ein.

Etwas Neues liegt nämlich außerhalb Ihrer Komfortzone, und je entfernter es ist, umso weiter weg ist es von der Zone der Geborgenheit. Wenn Sie ein Bergsteiger sind, der nach den 3000ern der Ostalpen die 4000er der Westalpen besteigen möchte, dann ist dies eine Herausforderung, die (ein klein wenig) außerhalb der Komfortzone liegt. Wenn Sie aber die 7000-8000er im Himalaja besteigen wollen, dann ist es eine weitaus größere Aufgabe. Oder wollen Sie sich ein komplett neues Fachgebiet aneignen, sind Naturwissenschaftler, der seinen Hang zur Philosophie entdeckt hat? Sie werden Ihre Komfortzone verlassen müssen, um den neuen Bereich letztlich in dieser zu integrieren.

Doch diese beiden Beispiele sind schon zu weit hergeholt. Es reicht bereits, einen schmalen Berggrat zu gehen oder anstelle eines Meetings im kleinen Kreis eine Präsentation vor mehreren Dutzend Personen zu halten – schon verlassen Sie Ihre Komfortzone, weil Sie sich Ungewohntem stellen. Anspannung, Kribbeln im Bauch, Nervosität, aber auch Neugier oder Vorfreude sind Zeichen, dass Sie Ihre Komfortzone verlassen haben oder dabei sind, diese zu verlassen.

Wichtig ist es, in der sogenannten Lern- und Entwicklungszone Erfahrungen zu machen, sich kleinen Herausforderungen zu stellen, Interesse und Neugier zu entwickeln, dem Neuen gegenüber aufgeschlossen zu sein. Es ist auch wichtig zur Entwicklung der Selbstkompetenz und der sozialen Kompetenz, um sich im Dschungel und im Chaos einer sich ständig verändernden Welt zurechtzufinden und sich immer wieder neu anzupassen. Organismen, die sich Veränderungen nicht stellen wollen bzw. können, und sich daher nicht weiterentwickeln, sind zum Aussterben verurteilt. Haben Sie Ziele und Aufgaben, und binden Sie sich in soziale Netzwerke – dabei sind nun wirklich nicht vorrangig jene im Internet gemeint – ein! Natürlich sollte man strategisch und mental vorbereitet sein für die Herausforderungen des Lebens, und nicht „ins offene Messer" laufen. Kennen ist gut, können besser, heißt es. Die Korrelation zwischen dem Können und den Anforderungen muss gewahrt sein – ansonsten öffnet man dem Stress Tür und Tor.

Die Komfortzone ist wie ein Nest: ist angenehm und warm, bietet Geborgenheit, aber gerade auch deshalb kaum Weiterentwicklungsmöglichkeiten. Allerdings können Sie ohne Komfortzone nicht auftanken und keine innere Ruhe finden. Deswegen lautet die Strategie, aus der Komfortzone sicher nach außen zu agieren, und durch das hinzugewonnene Neue diese zu erweitern. Doch obwohl wir wissen, wie es funktioniert, suchen wir immer wieder Wege und Methoden, um Veränderungen und Weiterentwicklungen zu erreichen, ohne die Komfortzone verlassen zu müssen.

Beispielsweise wissen wir, wie man effektiv abnimmt: Wir müssen mehr Energie verbrennen, als wir über die Nahrung zuführen. Regelmäßige Bewegung, verbunden mit einer geeigneten Diät, führen zu diesem Ziel. Das kostet oft Anstrengung und Schweiß, das bedeutet zuerst einmal: raus aus der Komfortzone. Doch TV-Werbungen und Inserate in den Printmedien suggerieren uns, dass es auch anders geht, dass man mit neuen Produkten und Geräten abnehmen kann, ohne sich dabei großartig zu bewegen und dabei wie gehabt weiter zu essen. Wir können also unsere Ziele innerhalb der Komfortzone erreichen. Wirklich?! Ein anderes Beispiel. Sie wollen sich läuferisch verbessern; dies heißt, dass Sie bei Ihren Trainingsrunden Ihre Pulsfrequenz variieren müssen und auch in Ihren Streckenlängen variieren sollten –mal kürzer und schneller, mal länger und langsamer. Wenn Sie immer in Ihrer gleichen Geschwindigkeit und immer die gleiche Kilometerzahl laufen, wird sich wenig tun. Wenn Sie die Streckenlänge und die Pulsfrequenz verändern, dann werden Sie sich verbessern. Klar, das ist nur ein einfaches Beispiel – aber eines mit großen Entfaltungsmöglichkeiten!

Sich nicht weiterzubewegen bedeutet Rückzug und Vermeidungsverhalten. Vermeidung bedeutet oft, dass es kurzfristig leichter wird, langfristig aber keine Probleme gelöst werden, das Gefühl der Sinnlosigkeit kommt auf, das zur Resignation führt. Deswegen ist es so wichtig, sich immer wieder neuen Herausforderungen zu stellen.

Kennen Sie Personen in Ihrem Bekanntenkreis, denen es immer „zu" ist? „Zu kalt. Zu nass. Zu früh. Zu spät." Das sind alles bekannte Ausreden, die verhindern, den Schritt aus der Komfortzone hinaus zu machen. Doch streichen Sie einfach das „zu", adaptieren Sie sich an die herrschenden Bedingungen und tun Sie es trotzdem! Es ist kalt. Ziehen Sie sich warm an – und realisieren Sie Ihr Vorhaben trotzdem! Es ist nass. Wählen Sie regenfeste Kleidung und tun das, was Sie wollen, trotzdem! Es ist früh. Doch Sie stehen trotzdem auf und machen sich an die Arbeit. Es ist spät. Beginnen Sie trotzdem noch mit dem, was Sie umsetzen wollen. Vergessen Sie nicht: Wenn es Ihnen in Ihrer Tätigkeit immer „zu" ist, dann werden Sie wohl nie damit beginnen! Streichen Sie diese beiden Buchstaben und denken Sie dafür an „trotzdem"! Denn wenn es um unsere Aktivitäten geht, wissen wir ja alle: Weniger ist mehr als nichts.

DOPPELDEUTIG: ROUTINE

Das Wort „Routine" hat meines Erachtens einen fahlen – und zum größten Teil auch falschen – Beigeschmack. Routine steht für Blockade und Verhinderung von Weiterentwicklung („weil wir das eh immer schon so gemacht haben"), steht für Behinderung der Neugier und Phantasie, ist also ein Motivationskiller. Und letztlich kann Routine zur Resignation führen, weil immer alles gleich abläuft. „Immer das Gleiche tun, aber auf ein anderes Resultat zu hoffen, ist ein Zeichen von Dummheit", sagte Albert Einstein.

Routine ist somit der größte Feind von Veränderungen. Und es soll Menschen geben, die sterben, ohne jemals aufgewacht zu sein!

Übersehen wird allerdings allzu oft, welch positive Auswirkungen Routine haben kann. Routinen erleichtern das Leben und gestalten es ökonomischer – weil wir beispielsweise wissen, wo unsere Schlüssel oder Mobiltelefone liegen (sollten). Routinen geben Sicherheit, weil aufgrund von eingeübten Mustern bestimmte Handgriffe automatisiert, routiniert eben, erfolgen. Wenn Sie Auto fahren, denken Sie auch nicht über jeden Schaltvorgang nach. Automatisiert drücken Sie die Kupplung, wechseln den Gang, lassen das Kupplungspedal wieder los. Und beim Zähneputzen wissen wir seit Jahr und Tag, dass wir uns um die schwer erreichbaren Ecken an unserem Gebiss bemühen müssen und dass wir selbstverständlich Vorder- und Rückseiten putzen. Doch wir werden kaum darüber bewusst nachdenken, was wir gerade vor dem Spiegel machen. Letztlich bieten Routinen Schutz und Geborgenheit und verbrauchen somit weniger Energie. Zu wissen, dass man ein Heim hat, einen Partner, dem man sich anvertrauen kann, einen geregelten Tagesablauf, macht stärker und nicht schwächer. Und dennoch ist es – Routine.

POSITIVES DENKEN, EINLEITENDE GEDANKEN

Stellen Sie sich vor: Ihre Geldtasche ist leer, und das ist ein Problem. Sie nehmen Zuflucht im positiven Denken – setzen sich also auf Ihre Couch, machen es sich bequem, schließen die Augen, entspannen, denken positiv. Nach einigen Minuten greifen Sie zu Ihrer Geldbörse. Ist das erhoffte Resultat eingetroffen? Nein? Nun, Übung macht den Meister! Sie wiederholen den Vorgang also nochmals, und dann nochmals. Immer noch kein Erfolg? Wie das? Vielleicht, weil positives Denken allein nicht reicht?

Festzuhalten bleibt, dass positives Denken zugleich auch realistisches Denken sein muss und soll – mit herausfordernden, aber auch erreichbaren Zielen. Und dass man nach dem Denken auch ins Tun kommt – positives Denken allein bringt Sie Ihren Zielen keinen Schritt näher. Erheben Sie sich also von Ihrer Couch und beginnen Sie, etwas zu tun, damit sich wieder Geld in Ihrer Brieftasche befinden wird.

In Wahrheit ist der Spruch vom positiven Denken etwas salopp und ausgelutscht. In Wahrheit haben Sie immer Recht – das sage aber nicht nur ich, das hat schon Henry Ford gesagt. „Ob Du denkst, Du kannst es, oder Du kannst es nicht – in beiden Fällen hast Du Recht." Dies erinnert mich auch an Begegnungen in meinem Leben. Oftmals kommen Personen zu mir und erhoffen sich Rat von mir als Mentalcoach. Sie sagen, dass sie das eine nicht können, dass sie das andere nicht erreichen werden, und so weiter. Ich versuche dann oftmals, der Situation die Dramatik oder die Schwere zu nehmen, indem ich mit einem Lächeln auf den Lippen antworte: „Formulieren Sie Ihre Gedanken wenigstens positiv! Sagen Sie sich: Ich werde versagen! Dann haben Sie zumindest diesen einen Erfolg – Sie haben Recht." Lächle weiter und erhalte ein Lächeln zurück, ehe ich dann auf den springenden Punkt komme: Niemand wird auf Dauer erreichen, was er sich nicht zutraut! Und noch mehr: Schwierigkeiten und Misserfolge gehören genauso zum Leben wie Erfolg und Freude – vermeiden Sie diese nicht, sondern lernen Sie, damit umzugehen!

„ERFOLG BESTEHT DARIN, DASS MAN GENAU DIE FÄHIGKEITEN HAT, DIE IM MOMENT GEFRAGT SIND."

HENRY FORD

Gut zu sein, wenn es darauf ankommt: Dies ist eine weitere Eigenschaft mentaler Stärke. Man muss allerdings festhalten, dass der Mensch eigentlich ein eigenartiges Wesen ist. Menschen glauben an vieles. An Marsmenschen. An den nächsten Weltuntergang. An alles, was über Fernsehen, Radio, Zeitungen transportiert wird. Dann höre ich Sätze wie: „Im Radio haben sie es ja gesagt!" Hinzu kommt, dass 90 Prozent aller medial aufbereiteten Informationen negativ sind. Wenn ich von mir zu Hause in Oberösterreich nach Wien reise, nimmt die Autofahrt rund zweieinhalb Stunden in Anspruch, und ich höre zirka acht Mal dieselben Nachrichten. Spätestens nach dem fünften Mal könnte ich synchron mitsprechen

– Mentaltraining mal anders, nämlich in negativer Art und Weise: Wenn man nur etwas oft genug hört, dann ist die Chance sehr groß, es auch zu glauben! Doch des Negativen nicht genug. Auch in den Boulevardmedien rückt das Lieblingsbild vieler Leser auch immer weiter nach hinten, weil auf den vorderen Seiten Platz geschaffen werden muss für Mord und Totschlag und Korruption. Ach, wissen Sie was: Selektieren Sie unbedingt Ihren Medienkonsum! An den wesentlichsten Nachrichten gibt es ohnehin kein Vorbeikommen, und Sie riskieren nicht, alles glauben zu müssen, oder zu wollen.

Denn wir Menschen, wir eigenartigen Wesen, glauben an fast alles. Aber warum dann nicht auch an uns selbst und an unsere eigenen Fähigkeiten?

Wenn ich an das geglaubt hätte, was andere mir immer wieder gesagt haben, wäre mein Leben ganz anders verlaufen. Wahrscheinlich würde ich immer noch zu Hause sitzen und über den Mathematikaufgaben grübeln. Denn wenn es gerade nach einiger meiner Lehrer gehen würde, hätte ich es bis zum Hilfsarbeiter gebracht und nicht weiter. Beispiele von Menschen, die die Weltgeschichte geprägt haben, obwohl sie in der Schule nicht überzeugen konnten – oder gar abgewiesen wurden – gibt es zuhauf. Das Konservatorium Mailand hatte den späteren italienischen Opernkomponisten Giuseppe Verdi abgelehnt, und auch bei Albert Einstein war zu Schul- und Studienzeiten keine Hochbegabung zu sehen. Wie man also sieht, kann sich jeder Mensch weiterbilden und dazulernen, kann jeder wachsen.

TIPP: STREICHEN SIE DAS WORT „UNMÖGLICH" AUS IHREM WORTSCHATZ!

Sie werden mir Recht geben, dass das Wort „unmöglich" eher negative Gedanken hervorruft. Es ist unmöglich, dass wir in diesem Leben noch zueinander finden. Es ist unmöglich, dass ich diesen Berg besteige. Es ist unmöglich, dass ich diese oder jene Fähigkeiten/Fertigkeiten entwickeln werde. Es ist unmöglich, abzunehmen. Klingt alles nicht so positiv, oder? Deswegen: Weg mit diesem Unwort. Und wenn Sie nicht anders können, dann beherzigen Sie zumindest das chinesische Sprichwort: Der, der sagt, es sei nicht möglich, sollte dem nicht im Wege stehen, der es tut.

Wer sagt: „Das kann ich nicht", sucht eventuell nur einen Vorwand, um seiner Umwelt mitzuteilen: Ich will es nicht machen. Ich traue es mir nicht zu. Es passt mir nicht in mein Berufsleben. Aber glauben Sie doch vielmehr an sich und Ihre Fähigkeiten – an jene, die zu Ihnen passen, an jene, die Sie benötigen. Große Taten brauchen feste Überzeugungen. Wer an sich selbst und seine Fähigkeiten glaubt, erreicht seine Ziele! Wenn Sie einmal ein Ziel nicht erreichen, dann überprüfen Sie, ob sich Wille und Glaube nicht konträr gegenüberstehen – doch davon später.

Negative Gedanken verursachen negative Stimmungen und dadurch auch negatives Verhalten – dabei ist jeder von uns selbst für seine persönliche Stimmungslage verantwortlich. Wenn ich beispielsweise einen Vortrag halte, dann sage ich zu Beginn ungefähr dies: „Ich mache heute einen tollen Vortrag für Sie. Ah, ich sehe, die ersten von Ihnen blicken zu Boden, Sie werden sich denken: Was ist das für ein Angeber? Bildet sich ein, nach einigen wenigen Minuten, einen guten Vortrag zu halten! Wenn Sie am Ende des Vortrags den Saal verlassen, und es ist nicht eingetreten, was ich jetzt gesagt habe, dann ist dies eine andere Geschichte. Doch es ist meine Einstellung, einfach einen tollen Vortrag zu halten, für Sie, meine Zuhörer. Genauso wie ich mir in der Früh vornehme, meinen Beruf bestmöglich zu erfüllen, genauso weiß ich seit Tagesbeginn, dass ich nette Menschen treffen werde. Wer diese sind? Ja, Sie. Ich sehe, da schmunzeln einige… Sehen Sie, dies ist meine Einstellung. Ich halte einen tollen Vortrag für nette Menschen, und dies motiviert und inspiriert mich. Genauso wie Ihre Gedanken, Ihre Arbeit auch Sie anspornen sollten." (Hoffentlich denken Sie als Verkäufer daran, welch interessantes und wertvolles Produkt Sie anbieten.) Ich könnte mir ja auch denken: Was wird das heute für ein Publikum sein? Langweilige Banker oder Verkäufer? Und wie motiviert wäre ich dann? Mehr noch: Meine Gedanken bestimmen mein Leben. Wenn ich an langweilige Menschen denke, ist die Chance sehr groß, dass ich auch mit diesen konfrontiert werde!

Es geht also um meine persönlichen Gedanken über das Publikum, und diese positive Einstellung ist der erste Schlüssel zu einer gelungenen Kontaktaufnahme, für den Energieaustausch zwischen Zuhörer und Vortragendem. Worum es hier geht, ist: dass Ihre Einstellung zu Ihren Produkten, zu Ihrer Geschichte, zu Ihren Kunden, zu Ihren Mitarbeitern, zu Ihren Chefs positiv ist und dass Sie voll und ganz hinter dem stehen, was Sie tun!

Umso höher die Qualität Ihrer Gedanken, umso höher ist die Qualität Ihres Lebens. Und Sie sind dafür verantwortlich, Ihre Gedanken zu steuern. Niemand anderer, nicht Ihr Partner, nicht der Finanzminister, nicht das Wetter! Positive Wörter sind wichtig, und diese gehören in den Wortschatz eines jeden Einzelnen aufgenommen.

Letztlich geht es nur um Sie, und um niemand anderen sonst. Das, was Sie machen, muss zu Ihnen passen, Sie müssen sich dabei wohlfühlen in Ihrer Haut. Dabei geht es nicht um Wohlstand. Ich bedauere jene, die seit Jahrzehnten einem Beruf nachgehen, der sie nicht vollkommen ausfüllt, nur weil sie in diesem 100 Euro mehr verdienen als anderswo oder ein paar kleinere Vergünstigungen mehr erhalten. Und die mir sagen: „Die zehn, 15 Jahre bis zur Pensionierung werde ich schon auch noch aushalten…" Das ist Quälerei, das ist Masochismus pur! Oft passen Beruf und Person einfach nicht zusammen.

Es gibt verschiedenartige mentale Methoden und Techniken, ebenso, wie es in Restaurants Fisch- oder Fleischgerichte oder Vegetarisches gibt. Nicht alles muss für alle passen, einerseits, weil nicht alles mundet, andererseits, weil das Angebot einfach zu groß ist. Den Anspruch, es allen recht zu machen bzw. recht machen zu können, erhebe auch ich in diesem Buch nicht. Vielmehr geht es mir darum, die Komplexität des Denkens zu beleuchten, Folgewirkungen zu beschreiben und zu deuten. Nehmen Sie also das mit, was Ihnen zusagt. Es geht darum, Ihre Gedanken Ihren Taten voranzustellen.

Verinnerlichen Sie diesen Satz:

ICH LIEBE, GLAUBE, VERTRAUE, HANDLE MUTIG UND BIN DANKBAR!

Ich liebe... mich selbst, meinen Partner, die Menschen um mich herum, meine Arbeit, die Sache, für die ich eintrete...

Ich glaube... an mich, an Gott, an meinen Partner, an die Fähigkeiten, die ich besitze...

Ich vertraue... mir, auf Ethik und Moral in unserer Gesellschaft, auf Normen und Werte, meinem Partner...

Ich handle mutig... in Gedanken, Worten und Werken, was die nächsten Schritte in meinem Privatleben, Arbeitsleben, in meiner Freizeit angehen...

Ich bin dankbar... für das Leben, für all das, was ich erreicht habe, für all das, was ich noch erreichen werde...

TIPP: *ERGÄNZEN SIE DIE BEISPIELE FÜR ALLE BEREICHE IHRES LEBENS!*

KONZENTRIERTE GEDANKEN

DIE MOTIVATION

Der Begriff „Motivation" kommt vom Lateinischen motus und bedeutet „Bewegung". Motivation kann mit jener Energie gleichgesetzt werden, die eine Person zur Verfügung hat, um gewisse Ziele zu erreichen. Dieses Ziel kann für einen Sportler ein besonders wichtiger Wettbewerb, für einen Bergsteiger das Besteigen eines Gipfels und die gesunde Rückkehr, für einen Geschäftsmann ein wichtiges Meeting sein. Auch im Privatleben gibt es Ziele, die Motivation benötigen – beispielsweise das Anlegen eines schönen Gartens. Damit ist schon definiert, dass Motivation sehr viel mit dem Interesse an einer Sache zu tun hat. Wenn das Interesse groß genug ist, dann wird es selten an Motivation fehlen. Motivation ist eine Voraussetzung für den Erfolg.

Motivation kann nach dem Führungsexperten Reinhard Sprenger – er berät nahezu fast alle DAX100-Unternehmen (das sind beispielsweise Adidas, Daimler, Deutsche Bank, Siemens und Volkswagen) – intrinsisch oder extrinsisch sein.

Intrinsische Motivation ist, wenn Sie das Bestreben haben, eine Tätigkeit um ihrer selbst willen auszuüben – weil sie Spaß macht, weil sie eine Herausforderung darstellt, weil sie Ihre Interessen befriedigt. So geht ein Musiker oder ein Autor ganz in der Ausübung dieser Aktivitäten auf, ohne an mögliche finanzielle Entlohnungen zu denken. So wandern Sie vielleicht durch die Natur und sind eins mit Ihrer Umgebung, und Sie benötigen deswegen keine weiteren Anreize, um sich körperlich zu betätigen. Intrinsisch ist auch, wenn ein inneres Selbstverständnis über die Handlung gelegt wird, wenn Sie sich gemäß Ihren eigenen Normen und Werten verhalten und so quasi eine Leitlinie Ihres Handels befolgen. Sie machen dies aufgrund Ihrer Erziehung, Ihrer Erfahrungen, oder Sie können vielleicht gar nicht mehr nachvollziehen, warum. Auf alle Fälle machen Sie es um Ihrer selbst willen und nicht für jemand anderen.

Extrinsische Motivation wird hingegen vom Wunsch gesteuert, Leistungen zu erbringen, um Vorteile zu erhalten und Nachteile zu vermeiden. Sie suchen nach Anerkennung. Sie möchten beispielsweise durch Ihre Leistung – als Künstler – Geld verdienen oder – als Angestellter – Karriere machen. Es geht um Wohlstand, Ansehen, Macht – gerade das Machtmotiv darf nicht unterschätzt werden. Doch extrinsische Motivation ist auch, wenn Ihr Umfeld eine besondere Erwartungshaltung an Sie setzt, wenn Sie beispielsweise Mittelstürmer Ihres Vereins sind und bislang immer zwei oder drei Tore pro Match erzielt haben. Das wird von Ihnen selbstverständlich auch in jeder weiteren Partie verlangt, und Sie möchten dieser Erwartungshaltung aufgrund des Zugehörigkeitsmotivs auch entsprechen! Last but not least können Sie sich auch Normen und Werte Ihrer Organisation, Ihres Umfeldes zu eigen machen und einen Beitrag zur Erreichung der Ziele anderer leisten wollen. Zugehörigkeits- und Leistungsmotiv gehen dabei Hand in Hand.

Es gibt klarerweise auch noch andere Ansätze zur Erklärung der Motivation, wie beispielsweise die bekannte „Maslowsche Bedürfnishierarchie".
Existenzielle Grundbedürfnisse (essen, trinken, schlafen), Sicherheit (materielle und berufliche Sicherheit, Wohnsituation), soziale Bedürfnisse (Freundschaft, Liebe,

Gruppenzugehörigkeit), soziale Anerkennung (Geltung anderen gegenüber) und Selbstverwirklichung (das Finden zum eigenen Ich) sind die fünf Stufen, die der US-amerikanische Psychologe Abraham Maslow in den 1940er- und 1950er-Jahren in seiner „Bedürfnispyramide" definiert hat.

Die Motive werden dabei als Antriebskräfte menschlichen Verhaltens gesehen. Die menschlichen Bedürfnisse bilden die „Stufen" der Pyramide und bauen aufeinander auf. Demnach ist immer ein Bedürfnis verhaltensbestimmend, bis es vollends befriedigt ist. Erst dann gewinnt das nächsthöhere Bedürfnis an Bedeutung und bestimmt Denken und Handeln. Obwohl diese Klassifikation menschlicher Bedürfnisse empirisch kaum belegt ist, ist sie bis heute sehr populär und wird in universitären Instituten und einer Vielzahl von Lehrbüchern verbreitet.

Abbildung 1: Bedürfnispyramide nach Maslow

Motivation verlangt also immer nach einem Treibstoff, nach einem Motiv.

Was muss ich tun, um meine Familie und
mich ernähren zu können?
Was, um in eine sicherere Wohngegend
umzuziehen?
Was, um von meinen Sportkameraden
geschätzt zu werden?
Was, um auf meinem Arbeitsplatz Karriere
zu machen?
Was, um mich selbst verwirklichen zu können?

Es hängt von hauptsächlich drei Faktoren ab, die den Treibstoff und somit auch die Motivation beeinflussen.

Zum einen gibt es die Persönlichkeitsstruktur, beispielsweise den inneren Drang, Leistung zu vollbringen. Diese ist weitgehend angeboren. Die Attraktivität des Zieles als zweiten Faktor kann durch das Umfeld beeinflusst werden. Und die Erfolgserwartung als dritten Punkt ist abhängig von der Einschätzung der eigenen Fähigkeiten im Verhältnis zu den gestellten Aufgaben und Anforderungen. Sowohl Über- wie auch Unterforderung zieht unweigerlich ein Sinken der Motivation mit sich.

Doch die Motivation kann durch Störfaktoren beeinflusst werden. Hoher Erwartungsdruck, sowohl von Ihnen selbst als auch von Personen in Ihrem Umkreis, Versagensängste, irrationale Bewertungen, Wetter-Probleme bei Bergtouren, andere Verhandlungspartner als geplant können Zweifel und Unbehagen hervorrufen und bis zur Stornierung des gesamten Projekts führen. Deswegen ist die mentale Stärke so wichtig: Sie hilft Ihnen über kritische Situationen hinweg, und vergrößert bei positiver Lösung der Aufgabe Ihre

Energie auf dem Weg zum Ziel, vergrößert somit auch Ihr Selbstwertgefühl! Sie werden nicht darum herumkommen, sich den Herausforderungen zu stellen, Ihre Komfortzone verlassen zu müssen, um zu wachsen!

TIPP:

UNANGENEHME SITUATIONEN SIND ZU MEISTERN, NICHT ZU MEIDEN!

Der deutsche Betriebswirt Wolfgang H. Staehle unterscheidet zwischen erfolgsorientierten und misserfolgsorientierten Menschen. Der eine zeichnet sich durch Selbstbewusstsein, gesunden Ehrgeiz und zuversichtliche Lebenseinstellung aus, der andere gibt die Schuld an Misserfolgen der Außenwelt und den Umständen – charakteristisch sind sein ewiger Zeitstress, sein Nichterkennen der eigenen Grenzen und sein eher feindseliges Misstrauen anderen gegenüber. Der eine strebt nach Erfolg, der andere will Misserfolg vermeiden.

Doch zumeist ist es nicht so einfach, die beiden Menschentypen zu trennen. Sicher, jeder von uns möchte erfolgreich sein, mehr verdienen, sich selbst verwirklichen. Und doch gibt es in fast jedem von uns auch eine innere Stimme, die sagt: Ach geh, das brauchst Du doch gar nicht, das ist nicht notwendig, warum sich so plagen – nur keine Fehler machen.

Es gibt einen Teil in Ihrer Gedankenwelt, der mehr Selbstvertrauen haben möchte und erfolgreicher sein möchte, ein anderer Teil sich indes gar nicht so sicher darüber ist. Es ist so, als würden Sie eine Straße mit dem Auto hinunterfahren. Sie wissen, dass es sehr flott dahingehen kann, und wenn Sie nun auch noch Gas geben, dann so richtig rasant. Und dann stehen Sie mit einem Fuß gleichzeitig auf Gas- und Bremspedal.

Das Motiv: schön und gut.
Motivation: unbedingt notwendig.
Doch Sie benötigen auf dem Weg zum Ziel Selbstvertrauen, Optimismus, Sicherheit, Kreativität, Überzeugungskraft – und dies sind alles Fähigkeiten, die Sie erlernen können!

„MEIN JOB IST ES NICHT, ES DEN LEUTEN BESONDERS LEICHT ZU MACHEN. MEIN JOB IST ES, SIE BESSER ZU MACHEN."

STEVE JOBS

Wenn Sie motiviert sind, heißt dies gleichzeitig, dass Sie Vertrauen in das eigene Handeln besitzen. Es wäre ja paradox, wenn Sie sagen: Ich will dieses oder jenes erreichen, und ich bin auch motiviert, aber gleichzeitig weiß ich auch, dass ich es nicht schaffe, weil ich „zu jung/zu alt/zu schwer" usw. bin. Es wäre ja paradox, wenn ich mir vorgenommen hätte, den Mount Everest zu besteigen, mir aber gleichzeitig Tag für Tag gesagt hätte: Das schaffe ich sicher nicht, das geht nicht gut aus, schlimmstenfalls komme ich dort sicher ums Leben.

Vielmehr geht es darum, dass Sie sich folgenden Umstand

bewusst machen: Nicht zu gewinnen bedeutet noch lang nicht, verloren oder versagt zu haben. Auch ich habe den Aconcagua und den Kilimandscharo nicht im ersten Anlauf bestiegen. Und ich habe nicht alle „Race Across America"-Wettbewerbe gewonnen, an denen ich teilgenommen habe. Bin ich deswegen weniger wert? Haben sich deswegen meine Prioritäten im Leben verschoben? Nein!

Nicht alle, die dieses Werk zur Hand nehmen, werden das „Race Across America" (RAAM) kennen. Es wird gemeinhin als das härteste Langstrecken-Radrennen der Welt bezeichnet. Es führt quer durch die USA, von der West- zur Ostküste, und wird seit 1982 jährlich ausgetragen. Rund 5000 Kilometer und zirka 40.000 Höhenmeter sind zu bewältigen, die Pässe der Rocky Mountains ebenso wie die unendlichen Geraden im Mid-West der Vereinigten Staaten. Temperaturunterschiede stehen an der Tagesordnung: angenehme 25 Grad Celsius am Start, 50 Grad in der Wüste, 0 Grad in den Rocky Mountains. Zwar darf der Athlet von einer Crew im Begleitfahrzeug unterstützt werden, doch die Auflagen sind sehr streng. Das RAAM wird von einem dicken Buch reglementiert. Jede noch so kleine Verfehlung des Betreuerteams wird in Form von Zeitstrafen am Athleten geahndet: wenn die Betreuerautos am falschen Ort geparkt werden, wenn die Fahrer gegen die Straßenverkehrsordnung verstoßen, oder wenn die tägliche Betreuung des Radfahrers aus dem Auto heraus, die vier Mal eine Minute pro Stunde nicht überschreiten darf, zeitlich nicht gehalten wird. Tugenden wie Ehrlich-, Freundlich-, Pünktlich-, Herzlich- und Sauberkeit werden plötzlich wichtiger Bestandteil auf dem Weg zum Erfolg (und diese kosten nicht einmal was!). Rund eine Million Pedaltritte sind für die Bewältigung der Distanz notwendig, und weil es Nonstop ausgetragen wird, und nicht in Etappen wie beispielsweise bei der Tour de France oder beim Giro d'Italia, dauert es für den Sieger acht oder neun Tage. Denn geschlafen wird maximal zwei Stunden pro Nacht. Maximal. Um ein solch großes Ziel zu erreichen, benötigt man viele kleine Zwischenziele: ein Punkt am Horizont, eine absehbare zeitliche Einheit bis zur nächsten Pause. Dreimal durfte ich beim RAAM ganz oben auf dem Siegerpodest stehen, und belegte bei jedem Antreten einen Platz unter den ersten drei.

Wenn Sie sich, wann immer notwendig, die Zeit nehmen, um die kleinen Schritte zum Erreichen des großen Ziels handschriftlich aufzuschreiben, dann erhöht sich die Wahrscheinlichkeit Ihres Erfolges enorm. Schreiben ist nämlich ein psycho-neuronaler Aktivitätsprozess, der es leichter macht, eine Verbindung vom Bewussten zum Unbewussten herzustellen. Erfolgreiche Menschen denken schriftlich! Ich würde sogar noch weiter gehen: Ein durchschnittlich intelligenter Mensch mit Zielen erreicht mehr als ein intelligenter Mensch ohne Ziele.

„LUST VERKÜRZT DEN WEG."
WILLIAM SHAKESPEARE

Lust ist eine hilfreiche Antriebskraft. Um Lust zu befriedigen, braucht es Bedürfnisse. Nicht immer macht das, was wir gerade machen, Spaß und Lust. Doch Lust entsteht hauptsächlich dann, wenn erstens die angestrebten Ziele, die Bedürfnisse tatsächlich notwendig sind und zweitens gleichzeitig eine konkrete Aussicht auf Befriedigung besteht.
Nachdem ich 2007 mein letztes „Race Across America" bestritten, mit Tränen in den Augen und einer gewis-

sen Leere im Herzen meinen Abschied von diesem Langstrecken-Wettbewerb, meinem Wettbewerb, gegeben hatte, sah ich mich nach anderen Aufgaben und Zielen um. Ich stürzte mich in meine bereits begonnene Ausbildung zum Mentalcoach, um mir neue berufliche Perspektiven zu eröffnen. Schon bald faszinierte mich das Projekt der „Seven Summits" – der sieben höchsten Gipfel der sieben Kontinente. Je mehr ich mich mit den höchsten Gipfeln von Nord- und Südamerika, Afrika und der Antarktis, Europa und Asien und Ozeanien beschäftigte, umso mehr stieg mein Interesse an diesen Bergen. Ich begann, viele Bücher darüber zu lesen, schlüpfte geistig in die Rolle der Erstbesteiger und suchte nach Filmdokumentationen. Letztlich war klar: Das will und werde ich machen!

Und ich setzte das Projekt „Seven Summits" bis Ende 2009 erfolgreich um – mit Freude und Leidenschaft auch in schwierigen Momenten. Die Freude an der Sache war gegeben, und ich durfte eine gewisse Leichtigkeit bei der Durchführung meiner Pläne erleben.

TIPP:

JE MEHR SIE SICH FREUDVOLL MIT EINER AUFGABE, EINEM ZIEL, EINEM VORHABEN BESCHÄFTIGEN, UMSO MEHR STEIGT IHRE MOTIVATION UND IHRE LUST BEI DER ERFÜLLUNG DIESER AUFGABE, DIESES ZIELS, DIESES VORHABENS.

Somit ist eigentlich alles recht banal: je größer Ihr Interesse, umso größer Ihre Motivation, umso größer die Chance, Ihr Ziel zu erreichen. Das Leben an sich ist in Wirklichkeit nicht so schwer – doch viele Menschen machen es (sich) kompliziert! Oder etwa nicht?

Ja. Ich höre Sie sagen: „Ich kenne das ja schon mit den Zielen und so…". Tut mir leid, dass ich Ihnen hier keinen anderen Ansatz bieten kann. Es bleibt immer noch das Um und Auf, sich Ziele zu setzen, die motivieren und antreiben. Je größer die Ziele, desto größer der Antrieb. Starke Ziele stärken!

Um überhaupt den inneren Antrieb zu aktivieren, sollten Sie sich Ihr persönliches Ziel vor Augen führen. Dieses Ziel kann ein gedankliches Vorwegnehmen Ihrer zukünftigen Wünsche und Erwartungen beinhalten. Um die Verwirklichung eines Ziels gedanklich zu unterstützen, können Sie sich vorstellen, wie es sein wird, wenn Sie es erreicht haben werden. Nehmen wir an, dass Sie abnehmen möchten. Stellen Sie sich vor Ihrem geistigen Auge vor, wie es sein wird, wenn Sie fünf Kilogramm weniger wiegen – wie es sich anfühlt in Ihrer Beweglichkeit und Ihrer Vitalität, welche Auswirkungen es auf Ihre Gesundheit haben wird und wie sich Ihr Sex-Appeal verändert. Oder leben Sie bereits gedanklich in jenem Haus, das Sie planen. Stellen Sie sich nicht nur vor, wie die Zimmer angeordnet sind, sondern auch, wie diese eingerichtet aussehen und wo Sie sich zu den bestimmten Tageszeiten aufhalten werden. Fühlen Sie sich wohl in Ihrem neuen Ambiente! Erst wenn Sie sich dieses Ziel lebhaft vorstellen, sind Sie auch innerlich bereit, Ihre mentale und zur Verwirklichung des Ziels erforderliche Einstellung zu verändern. Und kommen Sie dann ins Tun!

Gedanken bestehen aus Wörtern und Bildern, die das Verhalten und die Gefühle beeinflussen. Erarbeiten Sie sich einen Wortschatz, der in Ihr tägliches Leben einfließt! Finden Sie Ihre Begriffe, Eigenschaften, Erklärungen. Und es dürfen auch gerne mehrere Wörter pro Buchstabe sein!

Was motiviert mich?

M
O
T
I deen
V
A nsehen
T
I
O
N

TIPP: *NOTIEREN SIE AUF EINEM BLATT FÜNF GRÜNDE, WARUM SIE IHRE ARBEIT, IHR LIEBLINGSHOBBY ODER IHRE BEZIEHUNG GERNE MACHEN ODER ATTRAKTIV FINDEN.*

Fünf Regeln des motivierenden Zusammenlebens sind:

- Achtung und Respekt vor jedem Menschen, insbesondere vor sich selbst!
- Toleranz der Individualität und Einmaligkeit jedes Einzelnen.
- Interesse für die Wünsche und Bedürfnisse des anderen und der eigenen.
- Ermutigung und Förderung von Mitarbeitern und sich selbst.
- Offene und angstfreie Kommunikation zwischen Führung und Mitarbeitern.

Als wir im Advanced Base Camp (ABC) am Mt. Everest auf 6400 m zusammensaßen und die erfahrenen „Bergfexn" eine Gruselgeschichte nach der anderen erzählten, und in Ausblick auf die nächsten Tage einer der Expeditionsteilnehmer meinte: „Auf 8000 m würde ich schon gerne kommen wollen – alles andere wäre dann Zugabe…" – als ich all diese Gespräche mitverfolgte, konnte ich nicht anders, als mich geistig auszuklinken. Ich wollte den Gipfel erreichen, und nicht 8000 m. Ich wollte heil und gesund wieder zurück ins Basislager und nach Österreich kehren. Und ich wollte mich nicht von anderen verrückt machen lassen.

Ich setzte mir eben mein Ziel dorthin, wo ich es haben wollte, und nicht darunter. Wenn man sich immer wieder suggeriert, dass 8000 m genug seien, wird dies im Unterbewussten abgespeichert, und das Bewusstsein erklärt beim Erreichen dieser Marke: Ziel erreicht. Der Berg ist eine schöne Metapher. Er steht für Ziele in unserem Leben, Ziele, die mehr oder weniger hoch sind.

Sehr oft betone ich, dass andere viel bessere Bergsteiger sind als ich, und dass ich mich wahrlich nicht in der Top-Liga der Alpinisten sehe. Dies geschieht nicht aus falscher Bescheidenheit – auf meine Besteigungen bin ich sogar sehr stolz –, sondern es geschieht einfach, weil es der Wahrheit entspricht.

Und dennoch fühle ich mich in diesem Bereich als erfolgreich. Erfolgreiche wissen, dass sie eines auf keinen Fall tun dürfen und dies ist – jemals aufzugeben. Erfolgreiche haben keine Angst vor Fehlern. Erfolgreiche haben sich auch geistig vorbereitet – auf einen eventuell hindernisreichen Weg zur Spitze! Erfolgreiche machen so viele verschiedene Versuche wie notwendig auf dem Weg zu ihrem Ziel. Erfolgreich wird, wer plant, wer aus der Erfahrung lernt und wer an sich glaubt! Erfolgreiche geben immer ihr Bestes.

Doch sobald der Sieger seinen Fokus von sich auf andere – oder einfach nur auf die Umgebung – verlagert, verliert er seine Konzentration. Ein Sieger bringt Gedanken und Tätigkeiten miteinander in Einklang. Er agiert, um mit dem US-amerikanischen Psychologen Mihaly Csikszentmihalyi zu sprechen, im „Flow", im Hier und Jetzt, fühlt sich weder unter- noch überfordert und genießt, was er gerade tut.

Gerade der zielbewusste Akteur, der spätere Sieger, weiß, dass sein Erfolg nicht so sehr von äußeren Umständen abhängt, sondern viel mehr vom Glauben an seinen eigenen Wert. Aber Sieger sein heißt nicht zwangsläufig, Erster in einem Wettbewerb geworden zu sein.

Um sich diesen eigenen Wert auch tatsächlich vor Augen zu führen, gibt es einen einfachen Trick. Wir alle haben persönliche Stärken, aber allzu oft vergessen wir diese. Deshalb sollten Sie sich Ihre Stärken notieren. Immer dann, wenn Sie sich schwach fühlen, nehmen Sie sich einen aus dieser Sammlung heraus und erinnern sich an diese Stärke. Sie lesen etwas, was Sie ohnehin wissen, und erzielen dadurch einen doppelten Effekt. Und wenn Sie nicht wirklich wissen, wo Ihre Stärken liegen – fragen Sie doch einfach Personen aus Ihrem näheren Umfeld, aus dem Familien- und Freundeskreis. Fragen Sie einfach: In welchen Bereichen siehst Du meine Stärken und Talente?

„GIBT ES ETWA EINE BESSERE MOTIVATION ALS DEN ERFOLG?"

ION TIRIAC,

EHEMALIGER MANAGER VON BORIS BECKER

GELASSENE ERREICHEN MEHR ALS GETRIEBENE

Immer dann, wenn ich im Khumbu-Tal im Himalaja unterwegs bin, umgeben sie mich, die Weltstars unter den Bergen: die 8000er-Riesen Mount Everest, Lhotse, Cho Oyu, die 7000er Nuptse, Baruntse und Pumori und viele andere. Und ich sehe auch die Ama Dablam, was im Sanskrit „Mutter und ihre Halskette" bedeutet, mit ihren 6856 Metern. Sie wird aufgrund ihrer Form als „Matterhorn Nepals" bezeichnet, und es ist ein überaus selektiver und technisch anspruchsvoller Berg. Die Besteigung, eine Fels-Eis-Kletterei, erfordert Können und eingehende Auseinandersetzung mit der Materie.

Große Motivation erhält man durch große Ziele. Wenn ich die Ama Dablam besteigen möchte, dann ist dieses Ziel Grund genug, in der Früh früher aufzustehen und mein Training zu absolvieren. Doch gleichzeitig betone ich auch, dass Gelassene mehr erreichen als Getriebene. Dies hängt mit der Lockerheit und unserer Einstellung zusammen. Die Lockerheit spiegelt sich körperlich und mental wieder und hilft, die Leistungsfähigkeit zu steigern.

Meine ersten „Race Across America"-Auftritte waren von anfänglicher Nervosität und Anspannung geprägt – da war ich aufgrund meiner inneren Unruhe getrieben und gehandicapt. Ich machte mir selbst viel zu großen Druck, und die Nervosität wuchs und wuchs. Ich wollte unbedingt erfolgreich sein und ich verkrampfte oft. Rückblickend erkenne ich meine Anspannung und meine Gelassenheit: Im Jahr 2000 gewann ich das RAAM mit 23 Stunden Vorsprung!

Wenn ich auf das Jahr 2011 zurückblicke, sehe ich, wie locker und frei mein österreichischer Landsmann Christoph Strasser in das RAAM ging, wie gelassen er die Startinterviews gab und ich mir sagte: „Wenn er diese Lockerheit beibehalten kann, wird er ein tolles Rennen fahren!" Er kam als Erster und beinahe mit Rekordzeit ins Ziel. Strasser war als 28-Jähriger jüngster Sieger dieses Wettbewerbs. 2013 war es erneut Strasser, der die Grenzen des RAAM weiter verschob. Als erster Mensch überhaupt blieb er bei der Durchquerung des nordamerikanischen Kontinents auf dem Fahrrad unter der magischen Grenze von acht Tagen und erreichte in 7 Tagen, 22 Stunden, 52 Minuten das Ziel. Und 2014 unterbot er nochmals seine eigene Rekordzeit. Strassers Trumpfkarte war sicherlich auch Locker- und Gelassenheit. Während er den Sieg als oberstes Ziel hatte, zerbrach sein härtester Konkurrent und Sieger 2012 an der selbstgestellten Vorgabe, einen neuen Streckenrekord aufzustellen und unter acht Tagen bleiben zu wollen. Als sich dieses Vorhaben als für ihn unrealistisch herausstellte, brach er ein und hatte alle Mühe, das Ziel überhaupt zu erreichen. Lieber gewinne ich, als Zweiter zu werden und ebenfalls unter acht Tagen zu bleiben, hatte indes Strasser gemeint. Letztlich ging er mit einer grandiosen Leistung in die Geschichte des Rennens ein.

Gelassener und ruhiger bin ich, wenn ich in den Bergen unterwegs bin. Dort geht es nicht darum, als Erster auf dem Gipfel zu sein, und auch die benötigte Zeit – im Sinne eines Wettrennens – ist egal. Wichtig ist mir nur, dass ich hinauf und auch wieder gesund hinunter komme. Mit der gegebenen Lockerheit können auch die richtigen Entscheidungen getroffen werden. Da kann ich dann auch am Aconcagua, Südamerikas höchsten Gipfel mit 6962 Metern, einen Tag zuwarten, ohne die Nerven wegzuwerfen.

Gelassenheit ist immer so eine Sache: Man treibt sich ja selber an, bewusst oder unbewusst. Wenn ein Radprofi einen technischen Defekt hat und auf das Betreuerauto wartet, können die einen ruhig bleiben und andere weniger. Ihnen gemein ist, dass sie möglichst rasch wieder auf das Feld aufschließen wollen. Hinzu kommt die Erwartungshaltung anderer, Druck von außen also, der die Lockerheit nimmt und Kraft kostet. Und wieder reagieren wir entweder mit Rückzug, Angriff oder Gelassenheit.

TIPP:

UM EINEN OPTIMALEN LEISTUNGSZUSTAND IM IDEALEN SPANNUNGSBEREICH ABRUFEN ZU KÖNNEN, SIND WEDER ÜBERMOTIVATION NOCH MOTIVATIONS-LOSIGKEIT ZIELFÜHREND. FINDEN SIE IHRE GOLDENE MITTE!

AM ANFANG WAR NICHT DAS WORT, SONDERN DER GEDANKE

WAS IST EIN GEDANKE?

Umgangssprachlich bedeutet „Gedanke":

- das, was gedacht worden ist
- das Denken an sich
- eine Meinung, eine Ansicht oder einen Einfall haben
- eine Idee haben

Wissen Sie, wie viele Gedanken wir pro Tag denken? Zirka 60.000! Ja: 60.000. Zählen Sie mal mit! Allerdings sind nur 3000 davon tatsächlich neu. 75 % aller Gedanken sind flüchtige, also neutrale Gedanken. Von den verbleibenden 25 % sind der Großteil bedauerlicherweise destruktive, also negative Gedanken, die sich gegen mich, gegen mein Umfeld, gegen die Gesellschaft richten. Diese entstehen auch, weil wir von unserer Umwelt beeinflusst werden und die Nachrichten zum allergrößten Teil Negativ-Schlagzeilen beinhalten. Lediglich ein kleiner Prozentsatz aller Gedanken sind aufbauende, hilfreiche Gedanken, die mich und meine Umwelt fördern. Und auf diese müssen wir uns qualitativ konzentrieren bzw. danach trachten, diese quantitativ zu vermehren. So habe ich mir bei all meinen Radrennen quer durch Amerika immer wieder Mut, Kraft, Gesundheit, Energie, Ausdauer und Geduld zugesprochen und nicht auf mich oder die Umstände geschimpft.

Gedanken sind die wichtigste Kraft in Ihrem Leben – mit diesen entscheiden Sie über Ihren Lebensweg. Dies sagt schon der Talmud, das heilige Buch der Juden:

> Achte auf Deine Gedanken,
> denn sie werden zu Worten.
> Achte auf Deine Worte,
> denn sie werden zu Handlungen.
> Achte auf Deine Handlungen,
> denn sie werden zu Gewohnheiten.
> Achte auf Deine Gewohnheiten,
> denn sie werden Dein Charakter.
> Achte auf Deinen Charakter,
> denn er wird Dein Schicksal.

Unumstößlicher Fakt ist, dass wir alle einmal sterben werden, und dass wir es sind, die bestimmen, was wir denken! Sie sind der Chef Ihrer Gedanken: nicht Ihre Frau, nicht Ihre Partner oder Kollegen, nicht Ihre Freunde, schon gar nicht Gott. Je positiver und klarer Ihre Gedanken sind, umso angenehmer und erfolgreicher verläuft Ihr Leben. Wenn wir den Zustand von Zufriedenheit und Glück erreichen wollen in unserem Leben, müssen wir die Beschaffenheit unserer Gedanken untersuchen. Denn wir können nur einen einzigen Gedanken zur selben Zeit denken. Dieser ist entweder positiv oder negativ oder flüchtig – und Sie können Einfluss darauf nehmen!

„UNSER LEBEN IST DAS PRODUKT UNSERER GEDANKEN."

MARCUS AURELIUS

Der Gedanke ist somit Ausgangspunkt von Glück und Pech, Erfolg oder Misserfolg in unserem Leben. Seien Sie davon überzeugt, so, wie Sie ja auch von den Naturgesetzen überzeugt sind, von der Schwerkraft, von den Jahreszeiten, von Ebbe und Flut beispielsweise. Sicherlich glauben Sie auch an Ihr inneres Universum, an die Gehirntätigkeit, an das Verdauungssystem, an den Blutkreislauf. Warum denn nicht an die Macht der Gedanken?

Attestieren Sie nun den Gedanken bewusstseins- und lebensverändernde Kräfte! Es sind Kräfte, mit denen Sie erfolgreich sein, mit denen Sie im Sport siegen oder verlieren können. Die Leistungsfähigkeit gerade im Sport entscheidet sich zu 70 % im Kopf, zu 28 % in der körperlichen Leistung, und zu rund 2 % in den technischen Fähigkeiten. Dieser Wert variiert selbstverständlich sportartspezifisch. Noch immer beschäftigt sich aber ein Großteil der Sportler hauptsächlich mit den letzten 2 % und am wenigsten mit den mentalen Möglichkeiten.

Doch nicht nur im Sport, in allen Bereichen unseres Lebens sind die mentalen Fähigkeiten, unsere Gedanken, ein omnipräsentes Thema. Sie kämmen sich täglich, putzen ein oder mehrmals am Tag die Zähne – ordnen Sie auch Ihre Gedanken? Die Arbeit an den mentalen Fähigkeiten ist ein lebenslanger Prozess – doch der Schlüssel zu einem erfüllten Leben liegt gerade in den Gedanken.

TIPP: *POSITIVES DENKEN IST GRUNDLAGE DES ERFOLGS!*

Positive Gedanken bringen Energie und Motivation, und wenn Sie positive Gedanken ständig wiederholen, löschen Sie negative Prägungen aus Ihrem Unterbewusstsein. Positive Gedanken lösen positive chemische Reaktionen in Ihrem Körper aus, Sie werden glücklicher, zufriedener und damit auch leistungsfähiger. Und noch mehr: Denken Sie positiv über eine andere Person, stärken Sie diese. Denken Sie negativ über eine Person, schwächen Sie diese.

Wie der Talmud lehrt und Marcus Aurelius sagt: Gedanken werden zu Worten, Worte zu Taten. Die Sprache ist somit Ausdruck unserer Gedanken. Sie werden es ja, bewusst oder unbewusst, schon selbst erlebt haben. Wenn Sie einem Ereignis oder einer Sache gedanklich kritisch-negativ gegenüberstehen, dann äußern Sie sich mit negativen Worten. Bewerten Sie einen Sachverhalt gedanklich positiv, dann werden Sie auch lobende Worte finden. Und wenn Sie positiv über etwas sprechen, was Sie gedanklich negativ bewerten, so bleibt zu hoffen, dass Ihre Gesprächspartner die Ironie, die Sie sicherlich mit Ihrer Stimme transportieren, erkennen.

An einem pessimistischen, negativen Menschen wird man nur selten ein positives Verhalten feststellen können. „Es ist heute schlecht und wird nun täglich schlechter werden – bis das Schlimmste kommt" – dieser Satz stammt vom Philosophen Arthur Schopenhauer, der in seinen Werken davon sprach, dass es eine schlechtere Welt überhaupt nicht geben kann. Schopenhauer hat geistig

Großartiges vollbracht – doch sein Leben ist geprägt von Auseinandersetzungen mit dem Verleger Friedrich Arnold Brockhaus, von finanziellen Belastungen, von Einzelgängertum, von einem Renommee als „verkannter Niemand".
Wenn wir unser Verhalten verändern wollen, dann benötigen wir nicht nur die entsprechenden Wörter und Bilder, sondern auch die richtigen Gefühle dazu.

Nehmen wir an, dass Sie sich schon auf den bevorstehenden Urlaub freuen. Sie haben sich mit Ihrem Partner das Ziel gemeinsam ausgesucht, und Sie stellen sich vor, wie angenehm es sein wird, in der Sonne am Strand zu liegen, die Vögel kreisen zu sehen, ein kühles Getränk zu schlürfen, die Meeresluft zu riechen. Sie sind voller Vorfreude, und Ihre Gedanken sind nur positiv. Nun nehmen wir aber an, dass Ihr Partner alleinverantwortlich beschlossen hat, wohin es geht – in die Berge. Und Sie malen sich aus, wie beschwerlich es sein wird, immer nur aufwärts oder abwärts gehen zu müssen, dass es sogar zu regnen (oder schneien!) beginnen könnte und Sie klatschnass werden und erkranken, dass die Unterkunft tief in der Provinz nicht Ihren Vorstellungen entsprechen könnte und so weiter. Sie werden keine große Vorfreude empfinden.

Peter McWilliams schreibt im Buch „Sie können sich nicht einen einzigen negativen Gedanken leisten", dass eine negative Grundeinstellung sogar zu schweren Krankheiten führen kann. Auf jeden Fall ist negatives Denken wie beispielsweise Zorn, Angst, Ängstlichkeit, Hoffnungslosigkeit eine Hauptursache für viele psychosomatischen Krankheitsbilder.

Also müsste man sich auch gesunddenken können. Eine positive Grundeinstellung führt zu positiven Ergebnissen: steigende Selbstachtung, starkes Immunsystem, Wohlbefinden überall, Erfolg. Eine negative Grundeinstellung trägt zu negativen Ergebnissen bei: sinkende Selbstachtung, Depressionen, Erschöpfung, Erkrankung. Jeder Gedanke, jede Entscheidung und jede Tat hat Auswirkungen auf unsere Gesundheit. Sie wirken sich auf Körper und Geist aus, fördern entweder die Gesundheit oder führen zur Krankheit.

Sicherlich kennen auch Sie entweder das Buch oder den Film „The Secret". In diesem wird als eines der mächtigsten Gesetze des Universums verkündet: „Wem oder was ich meine Aufmerksamkeit schenke, dessen werde ich mir bewusst." Der Begriff vom „Gesetz der Anziehung", oder „Resonanzgesetz" wurde vor allem durch den US-amerikanischen Autor Abraham Hicks geprägt und über „The Secret" verbreitet. Im Prinzip geht es darum, dass, wann immer wir denken, dieses Gesetz automatisch aktiviert wird. Es spielt keine Rolle, ob wir positive oder negative Gedanken haben, und für welche Zeit diese Gedanken eine Relevanz haben – ob in Vergangenheit, Gegenwart oder Zukunft. Es spielt auch keine Rolle, wer und wo wir sind – es gilt für alle überall gleichermaßen. Das Resonanzgesetz reagiert auf jeden Gedanken und zwar wie ein Naturgesetz, unpersönlich, unparteiisch, präzise. Somit hat es Auswirkungen auf alle Aspekte unseres Daseins, auf Beziehungen, Gesundheit, Geld, Karriere, Hobbys usw. Das Gesetz der Anziehung unterscheidet nicht, ob wir einen positiven oder negativen Gedanken denken – woran wir am meisten denken, ziehen wir an. Negative Gedanken haben somit negative Ereignisse zur Folge, positive Gedanken positive Umstände. Das Gesetz sieht nicht, ob etwas gut oder weniger gut ist, doch es sagt uns klar und deutlich: Ändere Du Dich zuerst, dann ändert sich die Welt um Dich herum!

So sehr ich persönlich an die Macht der Gedanken, der positiven Einstellung, auch an „self-fulfilling prophecies" glaube, so tue ich mich aber auch mit „The Secret" ein wenig schwer – weil die Lehre schon etwas mystisch ist.

TIPP:

BEFASSEN SIE SICH MIT „THE SECRET" UND BILDEN SIE SICH SELBST EIN URTEIL!

DER BLICK IN UNSER GEHIRN

Wenn wir uns nun mit den Gedanken befassen, dann soll ein – wenn auch sehr vereinfachter – Blick in unser Gehirn nicht fehlen.

Das Gehirn ist aufgebaut wie eine Zwiebel. Der älteste Teil des Gehirns ist der Hirnstamm, zu dem Mittelhirn, Brücke und verlängertes Mark gehören. Der Hirnstamm ist bereits vor der Geburt festgelegt und regelt alle überlebensnotwendigen Funktionen unseres Organismus, beispielsweise Atmung und Herz-Kreislauf-System. Theoretisch könnten wir nur mit dem Hirnstamm leben, allerdings wäre dann unser Dasein nicht sehr attraktiv und lustvoll.

Denn um die für unser Leben wichtigen Emotionen ins Spiel zu bringen, benötigen wir das limbische System im Zwischenhirn, zu dem der paarig angelegte Thalamus, der Hypothalamus, die Hypophyse und die Zirbeldrüse gehören. Der Thalamus ist Teil der Verbindungsbahnen zwischen Hirn und Körper und trägt zur Umarbeitung von Sinnesreizen in bewusste Empfindungen bei. Vom Hypothalamus aus werden lebenswichtige vegetative Funktionen des Organismus gesteuert, beispielsweise der Wärme- oder Energiehaushalt des Körpers. Über die Hypophyse wird der Hormonhaushalt reguliert. Sie ist eine Ansammlung komplizierter Strukturen in der Mitte des Gehirns, die den Hirnstamm wie ein Saum (lat. *limbus*) umgibt. Die Gefühle steuern die Aktivierung der Organe.

Wollen wir nun unsere Emotionen kontrollieren bzw. verändern, benötigen wir eine dritte Schicht, das Großhirn, das auch unser Denk-Hirn ist. Dieses ist zeitlebens formbar, ausbaufähig und erweiterbar. Gedanken, Bewertungen, Erfahrungen, neue Reize bieten die Chance, unterschiedliche Gehirnzellen zu aktivieren und unseren Horizont zu erweitern. Positives Denken, das Denken überhaupt geschieht im Großhirn.

Zum Gehirn gehört auch das Kleinhirn, das wie das Großhirn aus zwei Hälften besteht und das für den richtigen Ablauf der Körperbewegungen zuständig ist. Weiters ist es für den Gleichgewichtssinn und für die richtige Verteilung der Muskelanspannung im Körper verantwortlich. Auch das Rückenmark wird als Teil des Gehirns angesehen, da es die Kommunikation zwischen dem Kopf und dem übrigen Körper sicherstellt. Es leitet die Empfindungen von Muskeln, Sehnen oder Gelenken, Schmerz-, Temperatur- und Tastempfindungen zu den verschiedenen Teilen des Gehirns und verfügt zudem über einen Eigenapparat, der unwillkürliche nervöse Vorgänge „ohne Rücksprache mit dem Gehirn" vollziehen kann. Diese nennen wir Reflexe.

Ein Gedanke entsteht nun, indem Neuronen (Nervenzellen) im Gehirn Informationen verarbeiten, die dorthin gelangen. Dabei ist beispielsweise der Bereich der Großhirnrinde im Hinterkopf für das Sehen zuständig, der Bereich unter den Schläfen für die Erinnerung und der Bereich hinter der Stirn für das Planen und die Strategie. Doch das Gehirn funktioniert immer nach demselben Prinzip: Es werden Muster erkannt und vervollständigt. Alles, was wir denken, sind Muster. Und diese Muster, diese Gedankenausrichtungen, sind trainierbar wie ein Muskel.

Die Frage, wie diese Muster im Gehirn gespeichert werden, wurde im Laufe der Geschichte immer wieder anders beantwortet. In den 1960er-Jahren prägte Hirnforscher Horace Basil Barlow aus Großbritannien den Begriff der „Großmutterzelle". Dies ist ein Neuron, welches sich dann meldet, wenn eine Großmutter in das visuelle Aufmerksamkeitszentrum trifft. Warum denn nicht? Da wir etwa hundert Milliarden Nervenzellen besitzen, die mit hundert Billionen Synapsen miteinander verbunden sind, könnte es ja möglich sein, dass jedes Muster in einem eigenen Neuron gespeichert wird. Und dennoch: Für alle Reize, die auf uns einfallen, haben wir zu wenig Nervenzellen!

Heute steht die Wissenschaft auf dem Standpunkt, dass Neuronen – immer vereinfacht formuliert – untereinander kommunizieren, Reize austauschen und diese an weitere Schichten weitergeben. Gehen wir von einem einfachen Modell aus. Die Neuronen der ersten Schicht stellen die Eingabeschicht dar – im Prinzip handelt es sich um sensorische Neuronen, die die einzelnen Reize aufschlüsseln. Die Neuronen der zweiten Schicht verarbeiten die Reize – dort kommt es zur eigentlichen Synchronisation, also der Mustervervollständigung. Die dritte Schicht erhält von allen Neuronen der vorhergehenden Schicht Informationen. Sie zieht die Schlüsse und fällt die Entscheidung, welches Muster erkannt wurde.

Jeden Tag verliert der Mensch Hunderte von Neuronen, doch die positive Nachricht ist: Sie können diesen Verlusten entgegenwirken! Neuronen können mit Muskelzellen verglichen werden – regelmäßiges Training stärkt sie, Untätigkeit schwächt sie. Wenn Sie sich aus Ihrer Komfortzone begeben, tun Sie Ihrem Gehirn Gutes. Wenn Sie sich intellektuell fordern, ein Buch lesen – dieses Buch beispielsweise – dann trainieren Sie Ihre Nervenzellen. Gut so, weiter so! (Aber kommen Sie dann auch ins Handeln. Die reale Welt spielt sich außerhalb der Bücher ab!)

Doch zurück zu unseren – hoffentlich positiven – Gedanken. Das, was wir denken, verändert die Chemie des Gehirns, indem sich die Neurotransmitter verändern. Mehr noch: Erinnert sich unser Gehirn an ein bestimmtes Ereignis, werden jene oder ähnliche Stoffe freigesetzt, wie zu dem Zeitpunkt, als das echte Ereignis eintrat. Und auch die Gefühle sind ähnlich. Deswegen müssen Sie Verantwortung übernehmen für Ihre Gedanken und für Ihren Hormonhaushalt. Sie haben eine prinzipiell negative Grundhaltung? Dann fehlt Noradrenalin und Sie verspüren Hoffnungslosigkeit. Dopamin hingegen fördert unser Glücksgefühl, Serotonin verschafft uns das Gefühl der Freude – oder, falls zuwenig vorhanden, von Zorn, Angst, Traurigkeit.

Gedanken sind an sich harmlos – außer, Sie glauben Sie! Doch ganz ehrlich: Selbstverständlich müssen Sie an Ihre Gedanken glauben, sich mit ihnen auseinandersetzen. Es geht ja gar nicht anders. Die Gedanken sind eine wichtige Kraft im Leben – sie entscheiden, wie Sie Ihr Leben leben.

TIPP:

BEFASSEN SIE SICH MIT IHREN GEDANKEN! DENN WENN SIE SICH NUR TREIBEN LASSEN, ENDEN SIE IM TREIBSAND, ODER SITZEN IN EINEM BOOT OHNE RUDER.

Wie heißt es so schön? Anfangs ist alles schwer, bis es leicht wird. Jeder von uns hat diese Erfahrung gemacht, beim Erlernen eines Musikinstruments, einer Fertigkeit wie z. B. dem Jonglieren (das verbessert übrigens auch den Gleichgewichtssinn, steigert die Konzentrationsfähigkeit und ist somit nur zu empfehlen), einer Sprache beispielsweise. Die entscheidenden Fragen sind: Wie sehr glaube ich an meinen Erfolg? Werde ich die notwendige Geduld aufbringen? Und vor allem: Zielen Glaube und Wille in die gleiche Richtung? Last but not least: Wer steuert meine Gedanken? Denken Sie dabei an Boris Becker. Dieser sagte einmal: „Manchmal gewinne ich, aber öfters verlieren die anderen!" Ein wunderschönes Beispiel der Gedankensteuerung!

NAHRUNG FÜRS HIRN!

Wenn wir uns gesund ernähren, also auf eine ausgewogene Zufuhr von Kohlenhydraten, Proteinen und Fetten achten, dann geht es unserem Körper gut. Das wissen wir alle. Wissen wir auch, dass unser Gehirn – im wahrsten Sinne des Worte – die richtige Nahrung benötigt, damit es zur Höchstleistung auflaufen kann? Sicher, es ist nicht leicht, die Wirkung verschiedener Nahrungsmittel auf Körper und Geist festzustellen, doch verschiedene Testreihen brachten doch einige aufschlussreiche Daten zum Vorschein.

Das Fazit lautet: Motivation, Kreativität, Begeisterungsfähigkeit können durch schlechte Ernährung beeinflusst werden. Zu negativen Essgewohnheiten zählen auch schlechte Grundstimmung beim Essen, Negativismus, Verweigerung – all dies führt zu einem niedrigen Blutzuckerspiegel des Gehirns und zu depressiven Phasen und Stress.

Als allgemein wirksame Gehirnnahrung gelten Dinkel, Hafer und Hirse, Edelkastanien, Nüsse und Kichererbsen sowie die Gewürze Kardamom, Zimt, Muskat und Safran. Doch was tun gegen die „freien Radikale" in unserem Gehirn? „Freie Radikale" sind sauerstoffhaltige Moleküle, die fetthaltige Zellmembrane und das Erbgut angreifen und zerstören können. „Freie Radikale" entstehen durch die Atmung und sind eigentlich ein natürlicher Körpervorgang. Sie entstehen aber auch durch Zigarettenrauch, Alkohol oder negativen Stress. Nun ist gerade unser Gehirn sehr fetthaltig, benötigt sehr viel Sauerstoff und ist somit besonders den Angriffen der „freien Radikale" ausgesetzt. Mit unseren Essgewohnheiten können wir auch diesen Schadstoffen entgegenwirken. Es ist keine Überraschung, wenn nun Obst und Gemüse zum Zug kommen! Dörrpflaumen, Rosinen, Beeren, Grünkohl, Spinat, Kräuter, grüner und schwarzer Tee sind Feinde der „freien Radikale". Auch Rotwein und dunkle Schokolade übrigens, wenn in Maßen genossen.

SIE GEGEN DEN INNEREN SCHWEINEHUND

Viele Prozesse, die eigentlich den Gedanken zuzurechnen sind, laufen unbewusst ab. Oft werden bewusste kognitive Abläufe, also Abläufe, die erkannt und rational nachvollzogen werden können, einfach aus Ökonomiegründen mit der Zeit automatisiert. Um Veränderungen im kognitiven Bereich zu erreichen, ist es daher wichtig, sich unbewusst ablaufender Prozesse bewusst zu werden. Die Änderung von Denkinhalten ist eine mit Anstrengung verbundene Tätigkeit, da Denkmuster automatisch ablaufen und dadurch wesentlich weniger Energie benötigen als die Erarbeitung neuer Denk- und Verhaltensweisen. Die Bequemlichkeit ist der größte Feind der Veränderung, der innere Schweinehund somit Ihr größter Gegenspieler.

Sie wissen ja, dass Sie für die Besteigung des Kilimandscharo, die Sie sich vorgenommen haben, noch trainieren oder sich körperlich in Schuss halten sollten. Ja, ab morgen beginnen wir dann…

Sie wissen ja, dass es Ihrer Gesundheit zuträglicher wäre, am Abend noch einen Spaziergang zu machen, anstelle sich vor dem Fernseher mit zwei Flaschen Bier und einer Schüssel Knabberzeug den Magen vollzuschlagen.

Sie wissen ja, dass das Sprichwort besagt: „Was Du heute kannst besorgen, das verschiebe nicht auf morgen." Doch es ist eben einfach, den Aktenstapel an Ihrem Arbeitsplatz links und rechts wachsen zu sehen.

In all diesen Fällen siegt der innere Schweinehund. Dieser sagt Ihnen, dass Sie ja ohnehin in Form sind, und auf den

Kilimandscharo, na bitte, da schafft es ja jeder hinauf! Oder dass das Wetter heute wirklich nicht angenehm ist, um einen Spaziergang zu machen, „zu heiß, zu kalt, zu regnerisch, zu finster, zu spät". Sie können diesen immer noch morgen nachholen, wenn es unbedingt sein soll. Und die Arbeit?! Aber hallo: Sind Sie denn nur da, um zu arbeiten? Und wenn Sie es nicht machen, wird sich schon mal ein anderer darum kümmern (müssen).

Den inneren Schweinehund besiegen heißt, neue Gedankenwege und Hirnströme zu öffnen. Dies ist nicht leicht, erfordert Überwindung und ermüdet – nicht nur körperlich, auch geistig.

Besiegen Sie den inneren Schweinehund auch zur Gänze! Wenn Sie sich einen Dauerlauf von 10 Kilometern vorgenommen haben, belassen Sie es nicht bei 9,7 km. Sagen Sie sich nicht: Ich bin ja jetzt schon sehr fleißig gewesen, da kann ich mir die letzten 300 Meter auch schenken. Laufen Sie auch die letzten Meter, wenn es sein muss, einige Mal um Ihren Häuserblock oder um Ihr Haus herum – es sind diese Meter, die Sie auf dem Weg zum Ziel besonders weiterbringen werden! Nehmen Sie sich David Copperfield zum Vorbild – es ist bekannt, dass drei Viertel aller Zauberkünstler seine Tricks kennen, aber es gibt nur einen Copperfield: jenen Mann, der auf jedes noch so kleine Detail achtet, der die richtige Inszenierung findet, der mit Sicherheit öfter und länger übt als andere.

Genauso wichtig ist es, dass Sie in Phasen der Entspannung Ihrem inneren Schweinehund auch Zugeständnisse machen. Belohnen Sie sich, wenn Sie besonders gut trainiert oder ein Teilziel bei Ihrer Projektarbeit erreicht haben – gehen Sie mit Ihrem Partner fein essen, oder nehmen Sie einen Tag frei. Druck erzeugt Gegendruck – auch einem inneren Schweinehund muss man Zugeständnisse machen. Er hört auf zu knurren, und Sie werden weiterhin frohgemut den Weg zu Ihrem Ziel gehen!

TIPP:

UM MIT DEM INNEREN SCHWEINEHUND EIN FAIRES DUELL FÜHREN ZU KÖNNEN, NEHMEN SIE SICH WENIGER DINGE TATSÄCHLICH VOR UND SETZEN DIESE AUCH TATSÄCHLICH UM. GEHEN SIE MIT SICH SELBER EINE VEREINBARUNG EIN, UND HALTEN SIE SICH AUCH DARAN!

Es ist unumgänglich, sich neue Denk- und Verhaltensmuster anzulegen, wenn man als Person wachsen will. „Nicht die Dinge an sich beunruhigen den Menschen, sondern seine Sicht der Dinge!" Ein bekannter Satz. Diese Aussage von Epiktet, einem griechischen Philosophen aus der Zeit 50 n. Chr., soll die Bedeutung unterstreichen, dass eine gelassene ruhige Haltung gegenüber den Ereignissen einzunehmen ist. Die Beunruhigung sollte nicht dadurch gesteigert werden, dass sich Menschen Probleme um diese Ereignisse machen. Bei Ereignissen handelt es sich um Tatsachen, die nicht veränderbar sind; nur die Einstellung zu den Tatsachen kann überdacht werden. Das Fazit lautet: Ändere entweder die Situation, oder Deine Einstellung zur Situation. Fragen Sie sich „was wäre jetzt günstiger zu denken?", damit Sie mit der vorgegebenen Situation besser umgehen können.

*KANNST DU DAS PROBLEM LÖSEN –
WARUM MACHST DU DIR SORGEN?
KANNST DU DAS PROBLEM NICHT
LÖSEN –
WARUM MACHST DU DIR SORGEN?*

ASIATISCHES SPRICHWORT

Wir behalten Ereignisse, die wir positiv oder negativ erfahren, viel besser in Erinnerung als solche, die wir als emotional neutral empfinden. Das Abrufen dieser positiven oder negativen Erinnerungen ist auch leichter möglich. Einige Informationen können direkt ins Langzeitgedächtnis übernommen werden, ohne bewusst wahrgenommen zu werden. Das gilt vor allem für Inhalte, die mit einer starken Gefühlsregung einhergehen und/oder mit Anreizen für mehr als ein Sinnesorgan gekoppelt sind.
Sehen Sie Gehirn und Körper als eine Einheit! Durch die chemischen Reaktionen kommunizieren diese miteinander. Was immer im Gehirn passiert, beeinflusst den Körper – und umgekehrt. Doch das Gehirn ist nicht in der Lage, unbeschränkt Gefühle aufzunehmen und zu verarbeiten.

TIPP:

SCHLECHTE NACHRICHTEN, GEWALT IM FERNSEHEN, SCHUNDROMANE, PERSÖNLICHE NEGATIVE KONTAKTE BELASTEN UNS STUNDE FÜR STUNDE, TAG FÜR TAG. ÜBERLEGEN SIE GENAU, WELCHE SITUATIONEN UND SOMIT WELCHE GEDANKEN SIE AN SICH HERANLASSEN WOLLEN. SIE KÖNNEN NÄMLICH (FAST) ALLES STEUERN!

PENDELVERSUCH UND VORSTELLUNGSTRAINING

Geist und Körper lassen sich nicht trennen. Ein Pendelversuch ist ein anschauliches Beispiel dafür, dass durch Vorstellungsbilder körperliche Reaktionen ausgelöst werden, derer wir uns nicht bewusst sind. Durch die intensive Vorstellung kommt es zu einer zwar kaum wahrnehmbaren, unbewussten ideomotorischen Aktivität in den Fingermuskeln, die aber das Pendel in die innerlich vorgestellte Richtung schwingen lassen. Unsere Gedanken beeinflussen unser Handeln, unsere Motorik und veranlassen unsere Muskeln dazu, Bewegungen auszuführen.

TIPP:

DIE PENDELÜBUNG EIGNET SICH HERVORRAGEND ALS KONZENTRATIONSÜBUNG.

SIE LERNEN, IHRE AUFMERKSAMKEIT AUF EINE GEWÜNSCHTE HANDLUNG ZU FOKUSSIEREN. HALTEN SIE EIN PENDEL, EIN AN EINEM FADEN FESTGEMACHTEN RING BEISPIELWEISE. STELLEN SIE SICH NUN GEDANKLICH VOR, DASS DAS PENDEL IM KREIS SCHWINGT ODER SICH LINKS-RECHTS BEWEGT. MACHEN SIE NICHTS, BEOBACHTEN SIE NUR! DIE GEDANKEN FOLGEN DER AUFMERKSAMKEIT, SIE WERDEN SICHTBAR.

Die Tatsache, dass das gedankliche Nachvollziehen von Bewegungsabläufen ohne tatsächliche Durchführung bereits zu muskulären Aktivitäten führt, wird als ideomotorische Reaktion oder als Carpenter-Effekt bezeichnet. Damit wird das Phänomen bezeichnet, dass das Sehen sowie – in schwächerem Maße – das Denken an eine bestimmte Bewegung die Tendenz zur Ausführung ebendieser Bewegung auslöst. Von erfolgreichen Tennisspielern beispielsweise hört man: „Ich habe noch nie einen Aufschlag ausgeführt, nicht einmal im Training, ohne nicht ein klares und haarscharfes Bild von ihm vor meinen Augen gehabt zu haben." Das gedankliche Nachvollziehen von Bewegungsabläufen ist gerade dann interessant (und auch notwendig), wenn sich die eigentliche Aktion nicht oft multiplizieren lässt. Wenn ein Skispringer gedanklich vor dem eigentlichen Sprung aufgeht und sich springen sieht, dann den optimalen Sprung ausführt und ihn danach intensiv analysiert, quasi „nachspringt", führt er dreimal dieselbe Aktion aus, und nicht nur ein einziges Mal.

Beim Vorstellungstraining geht es prinzipiell darum, sich mit einer Handlung mental zu beschäftigen und diese zu optimieren. Sowohl der Sportler, der an seiner Technik arbeitet, als auch der Manager, der an seine nächste Diskussionsrunde und seine nächsten Handlungsstrategien denkt, festigen ihre Vorgangsweisen bzw. Strategien dadurch, indem sie sie gedanklich durchspielen. Dadurch kann man sich besser auf die kommende Herausforderung mit all ihren Problemstellungen einstellen.

Mir persönlich hat die **DREISTUFENTECHNIK** ungemein geholfen, zu jenem Redner und Vortragenden zu werden, der ich heute bin.

Finden Sie in einem **ersten Schritt** eine Persönlichkeit aus just Ihrem Bereich, in dem Sie sich verbessern wollen. Visualisieren Sie einen Redner, einen Manager, einen Sportler, der genau das kann, was Sie auch können wollen. Beobachten Sie von Ihrer Außenperspektive (also dissoziiert) genau, achten Sie auf deren Technik und Ausstrahlung.

In einem **zweiten Schritt** tauschen Sie nun das Vorbild mit sich selbst aus, verbleiben aber in der Betrachter-Rolle.

Im **dritten Schritt** tauschen Sie sich in diesem Visualisierungsfilm komplett mit Ihrem Vorbild aus und handeln an dessen Stelle (also assoziiert) mit all den Fähigkeiten, die Sie verbessern wollen, und mit allen Gefühlen und Emotionen. Wichtig für mich ist der Satz, den ich auch persönlich immer wieder in die Tat umsetze: Lerne von den Besseren, aber gehe Deinen eigenen Weg. Es geht somit bei der Dreistufentechnik darum, von anderen zu lernen, diese aber nicht blind zu kopieren.

DER GRÜBELKREISLAUF

Nehmen wir an, dass Sie eine neue Aufgabe, beruflich oder privat, übernommen haben, Sie jetzt engagiert bei der Sache sind, und es scheint alles auch sehr gut zu laufen. Doch dann wird der Weg steiniger und mühsamer, Ihre Fortschritte stagnieren, und Sie selbst werden von Zweifeln geplagt. War es richtig, eine neue Sprache erlernen zu wollen? War es notwendig, meine sportlichen Ziele höher zu stecken? Sie beginnen zu grübeln, und die sich in immer größeren Mengen anhäufenden negativen Gedanken ziehen Sie nach unten: Ihre Gemütsverfassung verschlechtert sich, Sie sind mit sich selbst und der Welt um Sie herum nicht mehr im Klaren, Sie werden wahrscheinlich unleidlich Ihrem Partner oder Ihren Freunden gegenüber.

Lassen Sie dies nicht zu! Treten Sie der negativen Spirale Ihrer Gedanken aktiv entgegen und kämpfen Sie um Ihre Ziele – wohlgemerkt: um Ihre Ziele, nicht um die Ziele anderer, die Sie sich zu eigen gemacht haben, oder machen mussten. Verändern Sie Ihrer selbst willen Ihre Gemüts- und Gedankenwelt!

Der Prozess ist zumeist langwierig und geschieht dauerhaft, doch auch hier beginnt jeder Weg mit dem ersten Schritt. Setzen Sie für sich selbst eine Handlung, eine Aktion, die Ihren Gedankenkreislauf durchbricht. Sagen Sie sich **„STOPP!"**, wenn Sie in Ihren beruflichen Tätigkeiten in einen negativen Grübelkreislauf geraten. Denken Sie bewusst positiv an Ihre Aufgaben, denken Sie an das, was Sie bereits erreicht haben und planen Sie die nächsten Schritte. Unterbrechen Sie prinzipiell jeden negativen Gedanken sofort mit einem **„STOPP!"** und denken Sie an etwas Schönes, an ein Urlaubsbild beispielsweise oder an ein besonders erfreuliches Erlebnis. Polen Sie Ihre Gedanken von negativ auf positiv um, wann immer, wo immer Sie können. Und je öfter Sie dies machen, umso mehr werden Sie die Wirkung dieser Methode erkennen.

Bei einem Vortrag sah ich einmal einen Zuhörer, der negative Ausstrahlung auf mich hatte. Er saß mit verschränkten Händen in der ersten Reihe, sah meistens zu Boden oder an mir vorbei. Ich war mitten in meinem Referat, doch während ich sprach, konzentrierten sich meine Gedanken auf ihn: Passt ihm etwas nicht? Ist er nicht meiner Meinung? Bin ich heute so schlecht als Vortragender? Ich dachte für ihn mit. Bis zu dem Punkt, an dem ich mir innerlich **„STOPP!"** sagte, meine Gedanken von ihm abwendete und mich wieder ganz auf meinen Vortrag konzentrierte. (Die Geschichte hatte ein doppeltes Happy End, mein Vortrag fand sehr großen Anklang, und auch der anscheinend so kritische Zuhörer kam zu mir, bedankte sich für die Ausführungen und kaufte sogar ein Buch!)

„STOPP!" allein zu sagen, reicht nicht. Es geht darum, sich bewusst zu werden, keine Energien an oder für jemand anderen verschwenden zu wollen. Und es geht darum, nach dem **„STOPP!"** mit positiven Bildern einen positiven Gedankenfluss zu ermöglichen, um weiter erfolgreich reden oder handeln zu können.

DAS DELTA DER GEDANKEN: MENTALE STÄRKE

MENTALE STÄRKE

Boris Becker, Deutschlands wohl prominentester Tennisspieler aller Zeiten, sagt: „Gewonnen und verloren wird im Kopf: 80 % beim Tennis spielen sich zwischen den beiden Ohren ab." Der Franzose Christian Bauer, einer der besten Fecht-Trainer der Welt, sagt: „Auf Weltklasse-Niveau entscheidet der Kopf zu 95 % über Sieg und Niederlage."

Es sind dies nur zwei Beispiele von unzählig vielen. Jedenfalls kann man davon ausgehen, dass von zwei Sportlern – die gleich gut trainiert sind, mit dem gleich guten Material und gleich guter Ausrüstung gegeneinander antreten – höchstwahrscheinlich jener gewinnen wird, der mehr und intensiver an den Sieg glaubt! Der Kopf spielt das Zünglein an der Waage. Das Zauberwort, das gar keines ist, heißt „mentale Stärke".

Der Begriff „mental" stammt aus dem lateinischen mentalis und bedeutet so viel wie: „in Gedanken, in der Vorstellung vorhanden". Mental heißt somit nichts anderes als „sich etwas vorzustellen". Mentale Stärke ist somit keine Zauberei, sondern beschäftigt sich einzig und allein mit Gedanken!

Und was, wenn Sie hauptsächlich negative, dunkle Gedanken wälzen?

Bereits 1955 erkannte der amerikanische Psychologe Albert Ellis, dass negative Einstellungen und Vorstellungen zu seelischen Störungen beitragen können, und dass eine positive Denkweise zu positiven Einstellungen führen kann.

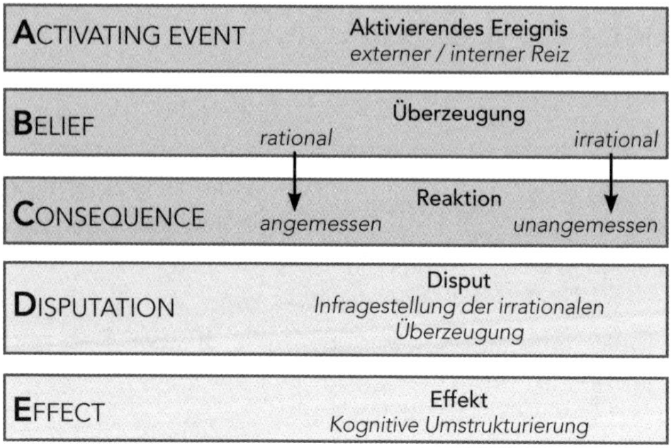

Abbildung 2: ABC-Theorie nach Ellis

Ellis ist Begründer der Rational-Emotiven Verhaltenstherapie. Diese baut auf der sogenannten ABC-Theorie psychischer Störungen auf: Dabei beeinflussen sich drei Faktoren gegenseitig. Ein unerwünschtes Ereignis (A) wird aufgrund bestimmter bewusster oder unbewusster Überzeugungen, die in der Situation aktiviert werden, bewertet (B). Erst diese Bewertungen der Ereignisse führen als Konsequenz (C) zu emotionalen Reaktionen und Verhaltensweisen. Sie sehen also, wie wichtig es ist, positive, freundliche Gedanken in Wörtern zu formulieren. Aus diesen erwächst die mentale Stärke. Diese ist für mich eine Methode zur positiven Lebensgestaltung – sei es im Berufs- wie auch Privatleben.

Mentale Stärke birgt eine Reihe unschätzbarer Vorteile.

- Sie fühlen sich zufriedener und selbstsicherer.
- Sie haben bessere Laune.
- Sie stärken Ihr Immunsystem.
- Sie können mit Ihren Kräften besser haushalten.
- Sie halten Ihr Gedächtnis in Schwung.
- Sie sind innerlich und äußerlich ausgeglichener.
- Sie sehen Enttäuschungen als Möglichkeiten und Niederlagen als Chancen.
- Sie sind mehr selbst- und weniger fremdgesteuert.

Erinnern Sie sich noch an die Bruchlandung des ehemaligen Formel-1-Piloten David Coulthard? Am 2. Mai 2000 flog der Brite mit einem Privatjet nach Nizza, doch nach Problemen am Triebwerk waren die Piloten zu einer Notlandung in Lyon gezwungen. Bei dieser Landung drehte sich das Flugzeug, zerbrach und fing Feuer. Die beiden Piloten und das Besatzungsmitglied starben, Coulthard, seine damalige Verlobte sowie sein persönlicher Trainer und Bodyguard überlebten.

Lediglich drei Tage später trat der Rennfahrer mit angebrochenen Rippen zum Großen Preis von Spanien in Barcelona an – und wurde Zweiter. Er konnte sich auf das Hier und Jetzt konzentrieren, aber er machte in den Interviews vor und nach dem Rennen sehr wohl klar, dass es ihn nicht kalt gelassen hatte, in einem Unfall mit drei Todesopfern verwickelt gewesen zu sein. Das nenne ich mentale Stärke: Coulthard hat sich auf sein Tun konzentriert und war in der Lage, alles andere auszublenden. Nur dadurch war es für ihn möglich, ohne eine Gefahr für sich und andere zu werden, erfolgreich zu sein. Eine andere Möglichkeit wäre für ihn gewesen, psychisch angeschlagen nicht anzutreten. Und sehr viele Spitzensportler widmen richtigerweise dem Mentaltraining immer mehr Zeit.

Und trotzdem gibt es in Österreich und sicherlich auch anderswo immer wieder Aussagen wie: „Mentale Fähigkeiten hat man, oder hat man nicht" oder „... so etwas brauchen wir nicht...". Es waren Aussagen von ehemaligen Teamchefs der österreichischen Fußball-Nationalmannschaft. Doch wenn man nach den Niederlagen die Interviews der Spieler hörte, dann klang dies in etwa so: Spielfreude, Selbstvertrauen, Teamgeist, Mut, Durchsetzungswille, Kampfgeist, Konzentration und so weiter hätten gefehlt. Und ich fragte mich dann, ob dies alles körperliche Fähigkeiten sind oder mentale?

Wenn Sie nun einwerfen, dass mentale Stärke keinen Marathon läuft, dass mentale Stärke keine Versicherungspolizzen verkauft, dass mentale Stärke allein keine Berggipfel besteigt, dass mentale Stärke das Ziel nicht erreicht – ja, dann muss ich Ihnen Recht geben, aber es fällt mir auch nicht sonderlich schwer, dies zu tun.

Selbstverständlich ist mentale Stärke nicht Zauberei, und ja, zuweilen wird mentale Stärke und positives Denken häufig überstrapaziert. Wenn etwas sehr Schreckliches passiert ist, oder wenn Sie etwas Besonderes erreichen wollen, dann reicht es nicht aus, mental stark zu sein, positiv zu denken und sich zurückzulehnen und zu hoffen, dass alles besser wird. So einfach ist es nun auch wieder nicht. Wenn eine Person krank ist, benötigt sie nicht nur positive Gedanken, sondern auch die Behandlung durch einen Arzt.

*„ERFOLG HAT NUR,
WER ETWAS TUT, WÄHREND ER AUF
DEN ERFOLG WARTET."*

THOMAS ALVA EDISON

Tun – nicht reden – ist die Lebensweisheit aller großen, erfolgreichen Menschen. Tun kann für Tag und Nacht stehen, weil es ein Unterschied vom Tag zur Nacht ist, ob man nur redet oder auch tatsächlich die Ärmel hochkrempelt und etwas macht!

Deswegen: Warten Sie nie darauf, bis Sie Zeit haben, sondern machen Sie es einfach! Sagen Sie nicht: „Ich habe keine Zeit." Statistiken belegen, dass der Durchschnitts-Mitteleuropäer 169 Minuten, also knapp drei Stunden, vor dem Fernseher sitzt – und zwar pro Tag! Das sind 45 Tage im Jahr. Und dennoch höre ich, dass man keine Zeit hat. Was auch nicht funktioniert, ist Zeit zu konservieren und später aufzubrauchen. Also: Immer dann, wenn Sie glauben, keine Zeit zu haben, denken Sie an Ihren TV-Konsum. Und immer dann, wenn Ihnen eine Sache am Herzen liegt, werden Sie auch die Zeit finden, um sich darum kümmern zu können! Sie brauchen nicht gleich den Fernseher abmontieren – aber werten Sie doch verstärkt, was Sie sehen und was nicht.

Oft scheint man keine Zeit zu haben, oder besser: keine Zeit haben zu wollen, um sich mit der mentalen Fitness zu beschäftigen oder mentales Coaching in Anspruch nehmen zu wollen. Oft höre ich dann auch, dass man ja nicht krank sei. Immer noch – und das finde ich schon bemerkenswert bedauerlich – denken Personen in Zusammenhang mit mentalem Coaching an Problemfälle und Krankheiten. Dabei ist genau das Gegenteil der Fall. Man muss nicht krank sein, um mental stärker zu werden. Wahrscheinlich sind Sie kerngesund, wollen sich aber in Ihren Lebens- und Karrierezielen (als Sportler, als Leistungsträger in der Wirtschaft) weiter verbessern oder mit Herausforderungen in Ihrem Umfeld – beispielsweise die Krankheit eines geliebten Menschen – besser meistern. Wie auch immer, Sie wollen wachsen und zu einem noch wertvolleren Mitglied unserer Gesellschaft werden. Mentalcoaching richtet sich an gesunde Menschen! Ich selbst habe nach meiner ersten RAAM-Teilnahme 1996 mit dem Mentaltraining begonnen; schon damals wusste ich, dass mentale Stärke wie körperliche Leistung trainierbar ist – wenn man es regelmäßig und konsequent macht. Damals wusste ich nicht, dass es „mentales Training" genannt wurde, aber ich wusste, dass meine Gedanken formbar waren. Hat allerdings nicht gleich funktioniert, aber wie alles im Leben benötigt auch das mentale Training Übung, bis sich der Erfolg einstellt.

Eine der Grundlagen des mentalen Trainings ist die Tatsache, dass das Unterbewusstsein hauptsächlich auf Bilder, Vorstellungen und Gefühle reagiert. Diese Bilder lassen sich in Worte fassen und geben Antworten auf die Frage, was denn einen erfolgreichen Spitzensportler von einem weniger erfolgreichen Athleten, der sich auf dem gleichen Niveau – Landesebene, nationale oder internationale Spitze – bewegt, unterscheidet. Der weniger erfolgreiche Athlet sagt: „Ich fühlte einen hohen Druck, der auf mir lastete und ich wünschte mir, dass der Wettbewerb am besten schon vorbei sei." Der erfolgreiche Sportler hingegen zeigt sich häufig vor dem Start auch nervös und angespannt; ihm gelingt es jedoch, diesen auf ihm lastenden Druck in ein positives Angriffsverhalten umzusetzen. Als sehr günstig erweist es sich, wenn er seinen Wettbewerb mit einem positiven Bild besetzt. Er kann es kaum erwarten, in Aktion zu treten und das Beste aus sich herauszuholen. Er sieht sich bereits auf dem Siegertreppchen. Somit wird durch dieses Bild aktive Freude mit der Handlung verknüpft. Die bildlichen Gedanken des Verlierers sind negativ – er wünscht sich, dass dieser Tag schon vorbei wäre, er sieht sich bereits auf der Rückfahrt nach Hause.

Positives Denken und positive Stimmung beeinflussen sich wechselseitig. Wir alle kennen Personen, die in der Früh aus dem Bett springen, die Musik laut aufdrehen und unter der Dusche lauthals mitsingen. Sie verbreiten vom ersten Moment des Tages an eine gute, fröhliche Stimmung, und wir spüren die Energie und die Ausstrahlung, die sie in den Tag bringen. Diese Personen müssen am Abend nicht gefragt werden, wie es denn so gelaufen ist, denn sie werden auf alle Fälle Erfolg in ihrer Tätigkeit gehabt haben! Andere wiederum kommen in der Früh kaum aus den Federn und kriechen den Boden entlang ins Badezimmer – sie fürchten sich regelrecht vor dem neuen Tag mit seinen neuen Aufgaben! Sie sagen sich: Wieder 16 Stunden Leben vor mir – werde ich es wohl überleben? Diese kommen mir vor, als wären sie rein zufällig wach geworden, und – na meinetwegen, bleiben wir eben gleich auf.

Studien haben ergeben, dass die Momente kurz nach dem Aufwachen und kurz vor dem Einschlafen, während Sie noch/schon im Bett liegen, am günstigsten sind, um Affirmationen und Suggestionen vorzusagen. Dies hängt mit Gehirnwellen zusammen, die der deutsche Arzt Hans Berger aus Jena 1924 erstmals entdeckte. Er konnte belegen, dass das Gehirn elektrische Wellen aussendet und wies die Alphawellen nach.

Heute kennt die Forschung vier Gehirn-Frequenzen, und zwar:

- die Deltawellen zwischen 0,1 und 3,5 Hertz (Schwingungen pro Sekunde)
  Diese treten hauptsächlich im Tiefschlaf, Trance und Hypnose auf.

- die Thetawellen zwischen 4 und 7 Hertz
  Diese entstehen während des Schlafens oder tiefer Meditation. Bildhafte Vorstellungen, Inspirationen, Träume, gesteigertes Erinnerungsvermögen sind in dieser Phase abrufbar.

- die Alphawellen zwischen 8 und 13 Hertz
  Diese entstehen in einem entspannten Zustand, besonders in einem entspannten Wachzustand mit geschlossenen Augen. Das Denken ist ruhig und gelassen, Körper und Geist sind eins.

- die Betawellen zwischen 14 und 30 Hertz
  Diese sind in einem wachen, aktiven Daseinszustand vorhanden. Das Bewusstsein ist nach außen und nicht nach innen gerichtet, weil Eindrücke der Außenwelt rational und emotional verarbeitet werden.

Kurz nach dem Aufwachen befindet sich das Gehirn also im Alpha-Bereich, im Wachzustand, mit leichter Entspannung. Nutzen Sie diese Momente, um Ihr Unterbewusstsein zu „programmieren"! Der Philosoph, Rhetorik-Trainer und Erfolgsautor Nikolaus B. Enkelmann drückt es folgendermaßen aus: „Im Alpha-Zustand ist das Unterbewusstsein formbar wie Wachs."

TIPP:

FINDEN SIE EINEN SATZ, DEN SIE TÄGLICH IN DER FRÜH WIEDERHOLEN, UND DER IHRE WUNSCHZIELVORSTELLUNG WIEDERGIBT, BEISPIELSWEISE: MIR GEHT ES GUT, ICH FÜHLE MICH WOHL UND FREUE MICH AUF DEN TAG!

Der Satz, den Émile Coué empfahl, lautet: **„Es geht mir mit jedem Tag in jeder Hinsicht immer besser und besser!"** Der französische Apotheker und Autor sowie Begründer der modernen, bewussten Autosuggestion, der von 1857 bis 1926 gelebt hat, empfahl, diese Worte lebenslang gleich nach dem Aufwachen bzw. kurz vor dem Einschlafen 20-mal halblaut zu wiederholen. Ob man an den Inhalt glaubte oder nicht, war seines Erachtens nach zweitrangig, solange die Lippen den Satz laut genug formten, damit er über die Ohren wieder zurückwirken könne. Coué empfahl, den Satz möglichst kindlich und unangestrengt zu sprechen, langsam und monoton, in der Art einer Litanei oder eines Mantras, ohne den Willen zu sehr zu bemühen.

MENTALE STÄRKE IST AUCH: ERKENNEN, WAS NICHT GEHT

Es war im Jahr 2000, als ich zusammen mit vier guten Bekannten aus der Radsportszene den Cerro Aconcagua (6962 m), wie der höchste Berg der westlichen und südlichen Hemisphäre, der höchste Berg außerhalb Asiens mit vollem Namen heißt, besteigen wollte. Die „Mt. Everest"-Expedition im darauffolgenden Jahr schwirrte bereits in meinem Kopf herum und war schon mehr als ein Projekt, da die ersten Gespräche mit verschiedenen Anbietern bereits stattgefunden hatten. Der Aconcagua sollte ein gutes Training und eine weitere Annäherung an den Mt. Everest darstellen.

Ich hatte mein Training vom Radfahren umgestellt, um für die Belastungen in den Bergen vorbereitet zu sein. Doch dann erkrankte ich. Mein betreuender Arzt riet mir von der Reise nach Südamerika ab: „Du bist nicht fit genug, auf einen solch hohen Berg zu steigen." Doch ich dachte, es besser zu wissen, dass ich mich schon auskurieren würde können, ehe es den Berg hinauf ginge. Und ich flog mit meinen Kollegen ab.

Es war der klassische Fall von „mentaler Stärke im negativen Sinne". Ich dachte, dass ich in der südlichen Hemisphäre bei sommerlichen Temperaturen gesunden würde und wusste es einfach besser als der Mediziner. Die organisierten Papiere, der gebuchte Flug, die bereits bestrittenen Kosten waren plötzlich wichtiger als die Gesundheit – diese sollte sich noch zeitgerecht einstellen.

Es kam zu keinem glücklichen Ende. Als es vom Ausgangspunkt Puente del Inca in das Basislager auf 4200 m ging, standen mir von Anfang an die Schweißperlen auf der Stirn, und am Ende des Gewaltmarsches war ich am Ende meiner Kräfte. Fieber und Husten waren die Begleiter während einer unruhigen Nacht, und am nächsten Morgen diagnostizierte der stationierte Arzt ein Höhenlungenödem, HAPE. Er verbot mir, weiter aufzusteigen, und während sich die anderen in die eine Richtung unterwegs machten, schnallte man mich auf ein Maultier, das mich sechs Stunden lang nach unten transportierte. Als ich wieder zu Hause war, wusste ich, alles falsch gemacht zu haben, was ich falsch machen konnte.

Diese Begebenheit liegt Jahre zurück. Heute blicke ich mit Bewunderung und Begeisterung auf die Abenteuer und Leistungen der beiden „Huber Buam". Die beiden Brüder Alexander und Thomas Huber aus dem Berchtesgadener Land sind Bergsteiger und Kletterer par excellence; sie sind auf der ganzen Welt unterwegs und klettern Schwierigkeitsgrade – zuweilen auch noch auf Zeit –, die für die allermeisten von uns unerreichbar bleiben. Keine Frage, dass sie körperlich wie mental einfach wahnsinnig stark sind, und zuweilen denke ich mir: Wäre doch toll, das auch machen zu können. Doch ich weiß für mich, dass ich nicht so weit bin und auch nie sein werde. Meine Selbsteinschätzung sagt mir, dass ich das, was sie machen, nicht zustande bringen würde. Meine mentale Stärke sagt mir, was nicht geht, und ermutigt mich, Abenteuer zu suchen, die für mich zu bewältigen sind.

Immer wieder passiert es uns, dass wir an Weggabelungen stehen und uns entscheiden müssen, in welche Richtung wir uns wenden. Tagtäglich müssen Sie Entscheidungen treffen, und viele von diesen mögen nicht einfach sein. Lassen Sie es mich etwas sarkastisch formulieren. Es wäre einfach, zu erklären: „Ich bin mental stark, und ich erkenne, dass diese Aufgabe zu groß für mich ist." Dadurch verbleiben Sie in Ihrer Komfortzone, gehen keine Risiken ein, entwickeln sich aber auch nicht weiter. Aufgeben ist immer leichter als durchhalten. Viel eher sollten Sie sich fragen, was Ihnen Ihre Vernunft und Ihr Instinkt raten.

Als ich beim RAAM 1996, bei meiner ersten Teilnahme also, das Gesäß wundgescheuert hatte, war mir klar, dass mein Arzt mich aus dem Rennen nehmen könnte. Denn es hatte bereits im Vorfeld eine klare Vereinbarung zwischen ihm und mir gegeben: Wenn er der Meinung gewesen wäre, dass es nach einem Sturz oder einer Krankheit gefährlich oder gesundheitsschädigend sei, weiterzumachen, hätte ich bedingungslos Folge leisten und das Rennen aufgeben müssen – und wenn noch so wenige Kilometer bis ins Ziel fehlten. Der Doktor hatte mich gewarnt: Sollte ich mich den ärztlichen Anweisungen nicht unterwerfen, dann würde er nicht mehr die Verantwortung für meine Gesundheit übernehmen und konsequenterweise das Team verlassen. Als Bergsteiger hatte ich mit meiner Frau Doris die Vereinbarung, dass ich am Mt. Everest im Jahr 2001 ab 8300 m künstlichen Sauerstoff verwenden würde. Als ich nun diese Höhe erreicht hatte, ging es mir recht gut und ich hätte mich in der Lage gefühlt, auch weiterhin auf meine eigene Luft zu vertrauen. Doch eine Vereinbarung ist eine Vereinbarung.

VISIONEN UND TRÄUME, ZIELE UND WÜNSCHE

*„DIE VORSTELLBARKEIT IST WICHTIGER ALS DAS WISSEN.
WAS VORSTELLBAR IST,
IST AUCH MACHBAR."*

ALBERT EINSTEIN

Bill Gates hatte als 21-Jähriger die Vision, dass in jedem Haus der westlichen Welt ein Personal Computer mit seinem Betriebssystem MS-DOS stehen sollte. 20 Jahre später war aus dieser Vision Realität geworden.

Sebastian Vettel erklärte einmal in einem Interview, dass er als 13-Jähriger schon davon geträumt hatte, Formel-1-Weltmeister zu werden. Zehn Jahre später wurde seine Vision durch lange und harte Arbeit Realität.

Als ich den Mt. Everest besteigen wollte, wurde ich von vielen als gedankenverlorener Verrückter abgetan – ein Radsportler, der Bergsteiger sein will! Doch ich verfolgte meine Vision mit aller Kraft, arbeitete einen Aufgabenkatalog ab, der Felsbergsteigen, Eisklettern und vieles mehr beinhaltete. Ich absolvierte einen Eignungstest, ich war praktisch und theoretisch bestens vorbereitet. Am 23. Mai 2001 stand ich auf dem Dach der Welt.

- **Eine Vision ist ein Bild von der Zukunft, wie sie sein wird.**
- **Ein Traum ist eine psychische Aktivität während des Schlafes und kann auch im wachen Bewusstseinszustand als Tagtraum erlebt werden.**
- **Ein Ziel ist ein in der Zukunft liegender, erstrebenswerter und angestrebter Zustand.**

Am Anfang einer jeden Tat steht eine Vision oder eine Idee; wird diese durch einen Zeitrahmen genauer definiert, wird sie zu einem Ziel. Die Vision ist eine der größten Antriebskräfte und der stärkste Motor für unser Handeln. Sie setzt alle anderen positiven Gedanken und unsere Motivation in Bewegung. Sie werden nicht vom Gedanken motiviert, in Zukunft schneller zur Straßenbahn gehen zu können. Sie werden viel eher von der Vision motiviert, beim nächsten Wien- oder Berlin-Marathon dabei zu sein!

Doch jeder Traum ist einmal zu Ende, und jede Vision birgt in sich die Gefahr, einfach zu versanden. Ja, ein schöner Gedanke, sagen wir uns dann, es wäre ja ganz nett – aber wenn nicht: auch egal. Und es werden Argumente angeführt, warum es nicht klappen kann: wegen der Kindheit, des Körpergewichts, Alters und so weiter.

Doch was sind das für Visionen, die uns in der Früh durch den Kopf gehen und die am Abend schon wieder verworfen sind? Sind dies nicht dermaßen unrealistische Ziele, dass wir selbst erkennen: So wird es nicht funktionieren? Was machen wir selbst falsch? Denn eines ist klar. Fast alle Visionen, Wünsche und Träume sind erreichbar. Der älteste Mann auf dem Gipfel des Mt. Everest, der Nepalese Min Bahadur Sherchan, war 2008 76 Jahre und 341 Tage alt. Die älteste Frau, die Japanerin Tamae Watanabe war

2012 als 73-Jährige auf dem Gipfel. Robert Marchand stellte 2012 einen 100-km-Radrennrekord auf. Er benötigte 4:17:27 Stunden. Er war 100 Jahre alt. 2014 verbesserte er, nun 102 Jahre alt, seinen eigenen Stundenweltrekord auf 26,952 Kilometer.

TIPP:

ES IST EGAL, WANN EIN TRAUM, EINE VISION BEGINNT. ABER WENN SIE BEGONNEN HABEN, DIESEN GEDANKLICH NACHZUHÄNGEN, DANN BEGINNEN SIE AUCH AKTIV MIT DER UMSETZUNG! DANN WIRD EINE VISION ZUM ZIEL.

Wissenschaftliche Untersuchungen haben gezeigt, dass Visionen größere Erfolgsaussichten besitzen, je konkreter die Ziele formuliert sind. Die sehr materialistische Vision, reich sein zu wollen, ist gleichzeitig sehr vage (und formuliert gleichzeitig einen Mangel). Konkreter wird sie, wenn Sie sich vorstellen, in welchem Haus Sie leben und wie sich das Auto anfühlt, das Sie fahren.

Ziele sollen

- klar sein, also ein klares Bild vermitteln
- gut sein, also schädlich weder für mich noch für andere sein
- stark sein, also den Ist-Zustand verändern

Ziele müssen sich in Ihren Gedanken einnisten und ein konstanter Begleiter sein. Ziele erreichen Sie nicht von heute auf morgen – Ziele erreichen dauert!

- Ziele sind wie ein Navigationssystem – sie bringen Sie dorthin, wohin Sie wollen. Und kommen Sie einmal vom Weg ab – durch Rückschläge, Niederlagen –, dann berechnet das Navigationssystem die Route neu.
- Ziele werden durch den Glauben an sich selbst erreicht. Teilziele sind Teilerfolge, die neue Motivation schaffen.
- Ein Mangel an Vertrauen – in sich selbst, in andere, in die Ausrüstung, in Gott – verhindert das Erreichen von Zielen, da viele Angst davor haben, sich neuen Herausforderungen zu stellen.
- Sind die Ziele groß, wird Ihr Antrieb groß sein. Sind Ihre Ziele klein, wird auch der Antrieb geringer sein.

Doch zuallererst müssen Sie sich darüber im Klaren sein, dass Sie es sind, die Ziele setzen. Sie müssen wissen, wohin Sie wollen; deswegen sind es Ihre Ziele, und nicht jene Ihres Partners, Ihrer Freunde, Ihres Vorgesetzten, Ihres Unternehmens.

Gedanken bestehen aus Wörtern und Bildern, die das Verhalten und die Gefühle beeinflussen. Erarbeiten Sie sich einen Wortschatz, der in Ihr tägliches Leben einfließt! Finden Sie Ihre Begriffe, Eigenschaften, Erklärungen. Und es dürfen auch gerne mehrere Wörter pro Buchstabe sein!

Was fordert mich heraus?

H E R A U S F O R D E R U N G E N

Ich war einmal bei einer Veranstaltung mit dabei, bei der meinem Vortrag eine Podiumsdiskussion vorangestellt worden war. Eine hochkarätige Expertenrunde diskutierte über Visionen und Visionäre, und dabei meinte einer der Teilnehmer, dass er keine Visionäre benötige, sondern Menschen, die Zahlen und Fakten liefern könnten.

Am Ende dieser Diskussion stand mein Referat auf dem Programm und ich überlegte, ob ich in meinen Ausführungen meinen Standpunkt zu Visionen, Wünschen und Träumen überspringen sollte, da er doch in Kontrast zu Vorangegangenem stand. Letztlich entschied ich mich, meiner Linie treu zu bleiben und erzählte von meinen Visionen und meinen Erfahrungen.

Es war eine Vision von mir, das „Race Across America" zu bestreiten. Nicht, dass es weltverbessernd ist, wenn eine Gruppe von Extremsportlern durch die USA fährt und in acht, neun Tagen kaum schläft. Es mag für viele das verrückteste Radrennen der Welt sein, aber nicht für jene, die sich damit auseinandersetzen – wie immer und überall geht es um die Betrachtungsweise. Genauso wenig wie von einem RAAM profitiert die Allgemeinheit auch nicht davon, wenn hohe Berge immer und immer wieder, über verschiedene Routen, über noch steilere und gefährlichere Wände, bestiegen werden. Sogar Reinhold Messner selbst spricht davon, dass Bergsteigen nutzlos ist. „Daran gibt es keinen Zweifel", sagte er einmal in einem Interview. „Zur Nutzlosigkeit des Bergsteigens möchte ich Folgendes sagen: Die Eroberung des Nutzlosen – ich zitiere den Philosophen Wilhelm Schmid – zwingt uns, über die Sinnstiftung nachzudenken. Mein Tun ist zwar nutzlos, aber ich mache es mir sinnvoll."
Dies ist der Unterschied: Nutzlos ist, wenn eine Tätigkeit ohne Nutzen (für die Allgemeinheit) ist; sinnvoll ist, wenn ich als Ausübender dieser Tätigkeit einen Sinn für mich, für mein Leben finde.

Visionäre, wie Reinhold Messner einer ist, sind wichtig für die Weiterentwicklung der Welt und der Menschheit. Ohne Visionäre gäbe es heute keine Glühlampe, keine Flug- und Raumfahrt, keine Radiologie und vieles andere mehr. Ohne Visionäre wäre es um unsere Welt ganz anders bestellt. Um ein kompletteres Bild zu liefern: Leider waren und sind nicht alle Visionäre von einem guten Geist beseelt (gewesen).

Mir persönlich ist es wichtig, dass es diese Menschen gibt, die sich für ein anderes, besseres Leben stark machen. Wir benötigen Visionäre, um die Hungersnot in Teilen unserer Welt zu bekämpfen, oder um in der Krebs- und Aids-Forschung weiterhin Fortschritte zu machen, oder um Umweltschäden einzudämmen und Klimakatastrophen zu verhindern. Eine politische Agenda oder ein Management, das jetzt mal die Ärmel hochkrempelt und diese Problematiken angeht, reicht bei großen gesellschaftlichen Aufgabenstellungen nicht aus. Um gewisse Herausforderungen zu meistern, bedarf es einer großen Vision im Hintergrund.

Im Jahr 2050 werden rund neun Milliarden Menschen auf der Welt leben. Das Memo, dass die Welt größer wird, habe ich noch nicht erhalten – Sie etwa? Sehr wohl aber wissen wir, dass der Meeresspiegel aufgrund der Erderwärmung steigt, womit der Lebensraum des Menschen eingeschränkt wird. Wen sollten wir zur Bewältigung dieser Problematik heranziehen? Zuallererst Visionäre.

Gerade von erfolgreichen Sportlern hören wir oft Sätze wie „Von diesem Tag habe ich ein Leben lang geträumt" oder „Ein Lebenstraum ist in Erfüllung gegangen". Sie stehen vor einer Fernsehkamera, lachen oder weinen in unsere Wohnzimmer und versinnbildlichen mit ihrer Leistung und ihrem Resultat die am wenigsten diskutierbare Form des Sieges. Sie waren einfach die Besten. Doch auch in deren Leben begann alles mit einer Vision, einem Traum. Ich will bei den Olympischen Spielen antreten. Ich will Olympiasieger werden. Sieger haben Träume, wahrscheinlich mehr als andere, aber sie sind keine Träumer, jedenfalls weniger als andere. Denn damit Träume realisiert werden können, müssen sie aus den Träumen erwachen und mit dem Handeln beginnen.

„MAN MUSS DAS UNMÖGLICHE VERSUCHEN, UM DAS MÖGLICHE ZU ERREICHEN."

HERMANN HESSE

Oft werden wir von unserer eigenen Suche nach Perfektionismus davon abgehalten, endlich mit der Umsetzung unserer Ziele zu beginnen. Wir sagen uns dann, dass wir es wahrscheinlich schaffen könnten, aber sicherlich nicht in jener perfekten Art und Weise, wie wir sie uns vorstellen. Warum also überhaupt beginnen? Warum das Golfspiel erlernen, wenn der Schlag nicht jener von Tiger Woods sein kann? Warum sich nicht als Schriftsteller versuchen, wenn die Satzkonstruktionen wohl nicht an jene von Hermann Hesse oder Ernest Hemingway erinnert? Warum kein Start-up-Unternehmen gründen, wenn der Erfolg à la Bill Gates, nun ja, eher unwahrscheinlich ist?

Die Furcht, endlich beginnen zu müssen, treibt Personen von einer Ausbildung in die andere, und ich will diesen Umstand nicht von vornherein kritisieren. Persönliche

Weiterbildung ist immer eine positive Sache. Ich hinterfrage sie erst dann, wenn auf die Theorie keine Praxis folgt, wenn das Lebensmotto lautet: „Na ja, schauen wir halt einmal was wird." Und es gibt Personen, die in ihrem Hinterkopf bereits Standard-Ausreden parat haben, um nicht endlich beginnen zu müssen.

„WER NICHT WEISS, WOHIN ER WILL, DER MUSS SICH NICHT WUNDERN, WENN ER GANZ WOANDERS ANKOMMT."

MARK TWAIN

Jede noch so große Aufgabe beginnt mit dem ersten Schritt, dem ersten Pedaltritt. Und wir sollten das Ziel kennen! Viele Personen wissen zwar, was sie nicht wollen, aber wissen nicht, was sie wollen. Dabei benötigen wir ein Leben lang kleinere und größere Ziele, damit in Körper und Geist die Spannkraft erhalten bleibt. Wie sollen wir aber wissen, wohin wir wollen, wenn wir nicht wissen, welche Ziele wir verfolgen?

TIPP:

ERLEICHTERN SIE SICH IHREN WEG ZU IHREN ZIELEN, INDEM SIE DIESE SCHRIFTLICH FORMULIEREN, SO, ALS HÄTTEN SIE SIE BEREITS ERREICHT! LEDIGLICH DREI PROZENT DER MENSCHEN TUN DIES, ABER DIES SIND DIE ERFOLGREICHEREN DREI PROZENT!

Gedanken bestehen aus Wörtern und Bildern, die das Verhalten und die Gefühle beeinflussen. Erarbeiten Sie sich einen Wortschatz, der in Ihr tägliches Leben einfließt! Finden Sie Ihre Begriffe, Eigenschaften, Erklärungen. Und es dürfen auch gerne mehrere Wörter pro Buchstabe sein!

Wodurch komme ich ins Tun?

T
A
T
E
N
D
R
A
N
G

BEGEISTERUNG, LEIDENSCHAFT, FREUDE

Eine Person, die überzeugt ist, hat mehr Ausstrahlung als 99 Personen, die interessiert sind. Denn Überzeugung bringt Begeisterung im Vorfeld der Aufgabe, Leidenschaft und Freude während der Tätigkeit mit sich. Die positive Einstellung zu einer Aufgabe beeinflusst auch das Umfeld, abgesehen davon, dass es laut einer US-amerikanischen Studie das Leben verlängert. Wenn Sie nämlich sagen: „Ich habe diese oder jene Situation zu meistern, aber das wird wirklich sehr schwer, ich bin mir nicht sicher, ob ich es schaffen kann", dann werden Ihre Gesprächspartner antworten: „Ja, Sie haben Recht, das hört sich wirklich nach einer schweren Aufgabe an, warum wollen Sie sich das antun?" Wenn Sie aber Freude strahlend erzählen: „Ich werde mich in Zukunft mit diesem oder jenem beschäftigen, und, ja, ich weiß, das ist mit sehr viel Arbeit verbunden, wobei ich mich sicherlich auch weiterentwickeln und mich beruflich neu entdecken muss", dann werden Ihre Bekannten und Freunde sagen: „Wow, wenn es jemand schaffen kann, dann genau DU!"

In sehr vielen Dingen, die ich in Angriff genommen habe, war es ähnlich wie oben beschrieben. Zwar hatte mit Franz Spilauer bereits ein Österreicher das „Race Across America" gewonnen (das war 1988), das Extremrennen war aber dennoch weitgehend unbekannt. Als ich Spilauer im Fernsehen sah, war ich von Anfang an begeistert: vom Typen, von seiner Leistung, vom Rennen, von den Bildern, die da transportiert wurden. Ich dachte, dass ich da auch einmal mitfahren würde und erzählte meiner Mutter davon. Was denken Sie? Dass sie natürlich hellauf begeistert von meiner Idee und stolz auf mich war? Natürlich nicht! Meine Mutter wusste sofort genug Gründe, die gegen meine Teilnahme sprachen: fehlende finanzielle Hilfsmittel, keine Betreuer, wenig radsportliche Kenntnisse, keine Erfahrung, mögliche auflauernde Gefahren, schwache Englischkenntnisse usw. – und dann sagte sie auch noch, da wir in einem kleinen Ort in der Steiermark gewohnt haben: „Was glaubst du, was dann die Leute sagen werden?"

Ich nenne dies äußere Einflüsse: Da haben Sie eine Idee – und Menschen um Sie herum wissen sofort, warum dies nicht geht. Und wenn diese Einflüsse größer werden als Ihr Wunsch, diese Idee in die Tat umzusetzen, dann werden Sie zum Grübeln beginnen, ob Ihr Vorhaben machbar ist oder nicht.

TIPP:

WENN ZU EINER NEUEN IDEE ALLE SAGEN, DASS DIES OHNEHIN NICHT FUNKTIONIEREN KANN, DANN VERFOLGEN SIE SIE WEITER!

Steven J. Sasson ist der Erfinder der Digitalkamera, die der US-amerikanische Ingenieur 1975 im Auftrag von Kodak konstruierte. Ihm wurde 1978 das U.S. Patent 4.131.919 zugeteilt, doch erst 30 Jahre später, 2008, erhielt er den Kulturpreis der Deutschen Gesellschaft für Photographie. Seine Erfindung benötigte Jahrzehnte, bis sie salonfähig war – heute ist Fotografieren ohne Digitalkamera nicht mehr vorstellbar, jedes Smartphone benutzt diese Technologie.

Sassons Weg war von ständigem Gegenwind geprägt und gepflastert von Aussagen wie „das wird nie etwas", „das wird sich nie durchsetzen". Einmal wurde er gefragt, was er jungen Entwicklern raten würde: „Keine Angst vor dem Scheitern haben. Nicht so zögerlich sein und auf Experten hören, die wissen, warum was nicht geht. Ich würde heute viel weniger auf die Meinung anderer hören, dann würde ich weniger Energie und Kraft verbrauchen." Und dann sagte er auch noch: „Ich finde, das Scheitern sollte viel mehr zelebriert werden!" Ich höre Frank Sinatra singen: „I did it my way."

Solange Sie niemand anderem schaden, machen Sie einfach jene Dinge, die Ihnen guttun! Begeisterung, Leidenschaft und Freude sind Grundlagen zum guten Gelingen eines Unternehmens, so kurz oder so lang es nun dauern möge. Wenn Usain Bolt 2008 und 2012 der Superstar der Olympischen Spiele war, und kumulativ in den vier Einzel-Finalläufen über 100 m und 200 m lediglich rund 60 Sekunden gelaufen ist, dann liegt doch ein Hochleistungssportler-Leben hinter ihm, in dem er tagaus, tagein trainiert und für seine großen Momente hingearbeitet hat. Dies geht nicht ohne Begeisterung und Freude an der Sache. Der materielle Aspekt mag nicht unbedeutend sein, doch ich bin der tiefen Überzeugung, dass Menschen in ihrer Tätigkeit aufgehen und nicht aufgrund von finanziellen Überlegungen. Geistesblitze wie „da verdiene ich recht gut, da laufe ich halt ein bisschen schneller" gibt es bei den schnellsten 100-m-Läufern der Welt nicht. Wer an das Geld denkt, ist nicht mehr auf die Leistung im Hier und Jetzt fokussiert, sondern bereits hinter der Ziellinie mit den Auswirkungen seiner Taten in der Zukunft beschäftigt.

„WENN DU EIN SCHIFF BAUEN WILLST, SO TROMMLE NICHT MENSCHEN ZUSAMMEN, UM HOLZ ZU BESCHAFFEN, WERKZEUGE VORZU-BEREITEN, AUFGABEN ZU VERGEBEN UND DIE ARBEIT EINZUTEILEN,
SONDERN LEHRE DIE MENSCHEN DIE SEHNSUCHT NACH DEM WEITEN, ENDLOSEN MEER!"

ANTOINE DE SAINT-EXUPÉRY

Gerade in der Zusammenarbeit mit anderen Personen ist es wichtig, Begeisterung, Freude und Leidenschaft zu vermitteln. Nur dann sind Sie nämlich in der Lage, Ihr Umfeld begeistern zu können. By the way: Wann waren Sie das letzte Mal so richtig begeistert und haben tiefe Leidenschaft verspürt? Am Ende dieses Weges steht der erfolgreiche Umgang mit sich selbst und den Mitmenschen. Dies schafft Zufriedenheit – eine erstrebenswerte geistige Haltung.
Als ich meine Langstrecken-Radrennen in den USA bestritt, war ich immer von einem Team von zehn bis zwölf Personen umgeben. Später, in den Bergen, reduzierte sich zuweilen die Anzahl der Begleiter, doch allein war ich nie – auch, weil man eine Seilschaft aus einer einzigen Person nicht bilden kann.

Nun stellen Sie sich vor, wenn ich andauernd gejammert hätte, wie schwer diese Aufgabe ist und wie unvorstellbar, beim RAAM nach 2000 Kilometern noch weitere 3000 fahren zu müssen. Ich hätte meine Crew demoralisiert, deren Freude an der Sache wäre erloschen und ich hätte es zu spüren bekommen – mit einem unaufmerksameren Service, mit fehlender Leidenschaft, ganz nach dem Motto: Wenn er schon jammert, was soll da noch herauskommen?

Wenn Sie mit Ihrem Team zu großen Zielen aufbrechen wollen, dann wird von Ihnen erwartet, mit gutem Beispiel voranzugehen – leading by example, wie es in der Managementsprache heißt. Doch die Kraft, als Erster einen voraussichtlich langwierigen und steinigen Weg Richtung Ziel zu gehen, schöpfen Sie aus der Freude und Begeisterung für die Sache und aus der Leidenschaft, die Sie auf andere übertragen können. Als mein Bergkollege und Freund Günter und ich am Denali/Mt. McKinley (der höchste Berg Nordamerikas, und einer der kältesten Berge der Welt, ist 6194 m hoch) gemeinsam mit zwei Spaniern in einer Seilschaft gingen, und die beiden Iberer mehr und mehr nachließen, waren wir es, die ihnen die letzten Höhenmeter zum Gipfel schmackhaft machten und sie mit unserer Freude und Begeisterung ansteckten. Unsere Leidenschaft motivierte sie, nicht aufzugeben. Begeisterung ist eben eine große Antriebskraft.

„DAS LÄCHELN, DAS DU AUSSENDEST, KEHRT ZU DIR ZURÜCK."

INDISCHES SPRICHWORT

Gedanken bestehen aus Wörtern und Bildern, die das Verhalten und die Gefühle beeinflussen. Erarbeiten Sie sich einen Wortschatz, der in Ihr tägliches Leben einfließt! Finden Sie Ihre Begriffe, Eigenschaften, Erklärungen. Und es dürfen auch gerne mehrere Wörter pro Buchstabe sein!

Was begeistert mich?

B
E
G
E
I
S
T
E
R
U
N
G

ÄNGSTE UND DEPRESSIONEN

Ja: Es ist dieses Gefühl der Angst, das den Menschen daran hindert, permanent glücklich zu sein. Und, ja: Wahrscheinlich würde es den Menschen gar nicht mehr geben, wenn es die Angst als notwendigen Schutzmechanismus nicht gäbe. Da wären unsere Vorfahren unbedarft zu den Dinosauriern gerannt und hätten persönlich nachgesehen, ob diese Tiere wirklich gefährlich sind oder nur so aussehen. Die Angstgefühle gehen somit mit der Entwicklung der Menschheit einher – Ängste ändern sich – und auch mit der Persönlichkeitsentwicklung. Vielleicht haben auch Sie sich, wie ich, unter der Bettdecke verkrochen, nachdem Sie als Kind einen TV-Krimi oder „Aktenzeichen xy ungelöst" mit vielen realen Gewaltverbrechen gesehen haben. Ängste werden von Generation zu Generation übertragen, befinden sich in unseren Genen – wie sonst könnten wir uns vor etwas fürchten, was wir noch nie durchlebt haben: beispielsweise verletzt zu werden durch Gegenstände, durch Fehltritte im Gebirge. Doch selbstverständlich kann Angst auch aufgrund von gemachten Erfahrungen ungewollt erlernt werden.

Bedauerlicherweise sind Ängste jetzt nicht allein positiv zu sehen, ganz im Gegenteil. Ängste beeinträchtigen uns im Alltag, hemmen und deprimieren uns. Dadurch sinken die Lebensqualität und die Leistungsfähigkeit. Sportler erzählen immer wieder, dass Fluchtgedanken zu Passivität und Rückzug bestehen, wenn die Ängste extrem hoch werden. Deswegen sei es wichtig, die Situationen umzubewerten und sie in ein positives Bild zu betten. So ist ein Kampfsportler zuerst einmal ein Partner, der mich an meine Grenzen der Leistungsfähigkeit führt, ehe ich ihn dann bezwingen kann. Und der Berg ist mein Freund, der es mir erlaubt, auf ihm zu steigen und zu klettern.

TIPP: ***ERSETZEN SIE NEGATIVE BILDER DURCH POSITIVE!***

Wann immer Sportler oder Manager bei Wettkämpfen oder wichtigen Arbeitstreffen ihre Möglichkeiten nicht ausschöpfen können, dann fühlen sie alle in etwa gleich. Sie alle spüren einen überaus großen Erwartungsdruck, sei nun dieser von innen heraus aufgebaut oder von außen an sie herangetragen, und sie alle hätten diese unangenehmen, Angst einflößenden Situationen am liebsten schon hinter sich gebracht.

„FURCHT BESIEGT MEHR MENSCHEN ALS IRGENDETWAS ANDERES AUF DER WELT."

RALPH WALDO EMERSON

Wenn Sie nämlich in eine Situation geraten, die Angst auslöst, steigt das unangenehme Gefühl. Sie glauben, die Angst steigt ins Unermessliche und Sie beginnen häufig mit Vermeidungsstrategien bzw. Rückzugstendenzen. Das kann so weit führen, dass Sie sogar bestimmte Situationen des täglichen Lebens meiden, da aufgrund von gemachten Erfahrungen Angstgefühle ausgelöst werden. Es kann aber auch sein, dass Sie gedanklich diese Situation vermeiden und sich bereits in die Zeit danach, in die Zukunft versetzen und hoffen, dass diese Momente endlich vorüber sind und sie diesen Ort schnellstmöglich verlassen können.

Stellen Sie sich aber offen der Herausforderung, steigt die Angst in der Realität nicht mehr weiter an, sondern es kommt zu einer Plateau-Bildung, die, nachdem die Angstsituation durchlebt wurde, wieder abfällt. Das Abfallen der Angst ist meist mit einer Erleichterung verbunden und mit der Genugtuung, sich der Situation gestellt und sie bewältigt zu haben. Das würde bedeuten, dass die Angst bei der nächsten Herausforderung deutlich reduziert verläuft. Vermeidung wiederum bedeutet, dass sich die Angst auch für zukünftige Ereignisse weiter aufschaukelt und diese Problemsituationen einen auf Dauer fast unüberwindbaren Charakter bekommen können.

Die Angst hat konkrete Gegenspieler: Spaß und Freude. Wenn Sie eine Situation genießen, können Sie auch besondere Herausforderungen meistern. Bringen Sie deswegen Humor in bestimmte Situationen, denn dann wird die Angst Probleme haben, Sie zu beherrschen. Ein zweiter Gegner der Angst ist die Entspannung. Gelingt es Ihnen, jene Muskelgruppen zu entspannen, die in Angstsituationen zur Verkrampfung neigen, wie beispielsweise Nacken- und Schultermuskeln, und ruhig weiter zu atmen, dann können Sie die Angst leichter kontrollieren.

TIPP:

SEHEN SIE DAS POSITIVE IM NEGATIVEN. ALLE ÄNGSTE, DIE SIE ÜBERWINDEN, ERWEITERN IHRE KOMFORTZONE. LASSEN SIE NEGATIVE GEFÜHLE ZU, KONFRONTIEREN SIE SICH MIT DIESEN UND VERDRÄNGEN SIE SIE NICHT. NICHT GELEBTE TRAUER KANN BEISPIELSWEISE ZUR DEPRESSION FÜHREN, GELEBTE TRAUER WENIGER.

Jeder von uns hat schon die Erfahrung gemacht, dass Dinge besser werden, wenn man sich mit ihnen konfrontiert. Wenn Sie noch nie fünf Kilometer am Stück gelaufen sind und nicht wissen, ob Sie es schaffen oder nicht – dann probieren Sie es eben aus! Und Sie werden auch nie erfahren, ob ein berufliches Projekt für Sie zu groß oder zu schwierig ist, wenn Sie sich diesem nicht stellen.

Genauso verläuft es auch mit den Ängsten, die wir alle haben: Es ist einfach unumgänglich, dass wir uns mit diesen konfrontieren.

Bei der Konfrontationsmethode gehen Sie tief hinein in Ihre Gedanken und beschreiben für sich selbst die Situation, die diese Angst bereitet. Sie würden so gerne einige Berge in Ihrer Umgebung besteigen, leiden aber an Höhenangst und getrauen sich nicht einmal, eine Leiter hochzusteigen. Ab der vierten, fünften Sprosse fängt ihr Herz an zu pochen, Schweißausbrüche treten auf und

Sie wollen nur mehr möglichst rasch herunter von diesem Gerät. Dabei wissen Sie, dass die Leiter stabil ist, Ihr Gewicht locker halten kann und dass sogar im Fall eines Falls relativ wenig passiert.

Sie haben nun mehrere Möglichkeiten. Sie können diesen Situationen, wo immer es auch geht, ausweichen und die Höhenangst siegen lassen. „Irgendwie wird das schon passen", sagen Sie sich, „dann fahre ich im Urlaub eben immer ans Meer anstelle in die Berge." Doch aufgeschoben ist nicht aufgehoben, und Ihre Angst vor der Höhe wird jedes Mal größer sein, wenn Sie an diese denken.

Sie können sich aber auch aktiv mit Ihrer Angst konfrontieren, zuerst gedanklich, dann auch praktisch. Stellen Sie sich doch einfach vor, wie Sie auf der ersten Stufe der Leiter stehen und sich sicher fühlen. Sie treten eine Stufe höher und realisieren, dass alles sicher ist. Dies wiederholen Sie auch auf der dritten und vierten Sprosse. Sehen Sie sich zu, wie Sie sich am Holz festhalten und nach unten blicken. Und dann heben Sie den Fuß für Stufe sechs. Zwar wissen Sie, dass es beim Bergsteigen viel höher hinauf geht, aber Sie realisieren, dass Sie mit der Konfrontationsmethode auch andere, größere Herausforderungen angehen können! Durch diese Desensibilisierung überwinden Sie vielleicht nicht Ihre Ängste zur Gänze, lernen aber, mit diesen besser umzugehen.

Je länger Sie in einer mit Angst besetzten Situation verharren, umso schneller werden Sie sich an diese gewöhnen. Die Angst steigt nicht mehr an und wird im Gegenteil noch reduziert. Wenn Sie das nächste Mal in eine ähnliche Situation geraten, oder an eine solche denken, werden

Sie diese aufgrund von gemachten Erfahrungen anders bewerten und als deutlich weniger belastend erleben.

Die Höhenangst mag nur ein Beispiel unter vielen möglichen sein. Denken Sie doch nach, welche Situationen Sie in Furcht und Angst versetzen – wichtige Meetings, Sprechen vor Publikum, schwierige berufliche Herausforderungen, Tätigkeiten, die Ihnen einen besonderen Kick geben – und konfrontieren Sie sich geistig mit diesen!

Wenn Sportler vor großen Wettkämpfen oder Manager vor wichtigen Verhandlungen von Angst oder Versagensängsten geplagt werden, können sie sich nicht auf ihre Einsätze und Auftritte freuen, haben ein positives Resultat ihres Tuns bereits vorher abgeschrieben. Wenn sie sich jedoch vorher über das Gespräch und in der mentalen Vorstellung damit konfrontieren, dort bereits ihre Ängste abbauen, wird die Wirklichkeit anders verlaufen. Entspannter, mit Spaß und Freude an der Sache, vor allem aber: erfolgreicher!

Erfolgreicher werden Sie auch, wenn Sie nicht problemorientiert, sondern lösungsorientiert denken und sprechen. Oft hört man Personen in einer Tour reden: „Das Problem ist das, und das Problem ist jenes, und dann gibt es noch dieses Problem, Problem, Problem." Ich war ja nicht anders. Als Einzelhandelskaufmann, einer meiner ersten beruflichen Tätigkeiten, sprach ich über dieses oder jenes Problem, wenn ein Kunde ein Produkt reklamierte. Viel effizienter wäre es gewesen, Lösungen anzubieten. Dabei wäre ich auch emotional dem Kunden näher gewesen.

Bei all den Problemen ist heutzutage tatsächlich keine Zeit, über Lösungen nachzudenken. Wir wissen ja alle:

Nichts ist so leicht, wie es aussieht. Alles braucht länger, als man glaubt. Wenn etwas schiefgehen kann, geht es auch schief. Und wenn jemand nach Problemen sucht, wird er auch welche finden.

TIPP: *NICHT AN DAS PROBLEM DENKEN, SONDERN AN DIE LÖSUNG!*

Ähnlich wie mit dem einen kräfteraubenden Wort verhält es sich mit einem anderen: Stress. Wenn Sie Ihren Nachbarn fragen, wie es so geht, und er antwortet, dass er so viel Stress habe, dass ihm dies stresse und dass dieses andere Stress bereite – dann können Sie sicher sein, dass sein Körper auch Stress produziert!

Als ich 1998 beim „Race Across America" schwer gestürzt war und mir das Schlüsselbein gebrochen hatte, produzierte mein Körper Stresshormone ohne Ende. Was mir in diesen Augenblicken widerfahren war, ging in Richtung Lebensbedrohung! Und dass man in solchen Situationen einfach Stress hat, ist nur natürlich. Doch es war zum größten Teil ein bewusstseinsunabhängiger Stress. Es war nicht ich, der mich mit meinen Gedanken stresste, sondern es was das neurologische System meines Körpers, das mir sagte: Dieser Unfall, diese Verletzung ist gefährlich. Ich selbst fragte nicht, warum ich gestürzt sei (weil ich es ohnehin schon wusste) und wer schuld daran wäre. Viele von uns benötigen einen Schuldigen, um sich besser zu fühlen und sich sagen zu können: Es war ja nicht mein Fehler. Doch Schuldzuweisungen ändern nicht die Situation. So war es bei mir 1998, knapp vor der Ziellinie in Savannah. Ich wollte das Ziel erreichen und somit dachten wir lösungsorientiert. Das Problem – ein gebrochener Knochen – war mir zu diesem Zeitpunkt fast schon wieder egal. Nicht immer war ich so souverän. Als ich im Jahr darauf erneut Zweiter wurde, um 20 Minuten geschlagen von Danny Chew (USA), da machte ich meiner Crew bittere Vorwürfe, hielt ihr vor, dass die letzte Ruhepause, die ja sie sich eingebildet hatte und nicht ich, uns nun den Sieg kostete. Dass sie mich falsch dirigiert und wir so Zeit verloren haben, 40, vielleicht 60 Minuten. Und dass sie auch noch Zeitstrafen erhalten haben, weil sie sich im Betreuerauto nicht an die Verkehrsregeln gehalten hatten. Monatelang suchte ich nach Schuldigen. Bis ich ihn letztlich in mir fand. Denn während der Endphase des Rennens hatte ich hauptsächlich daran gedacht, wann mich denn Chew endlich einholen würde. Ich hatte nur bekommen, was ich erwartet hatte: Ich hatte meine Begleiter andauernd gefragt, alle zehn Minuten oder so, wie weit denn mein Konkurrent noch zurückliege, ich hatte mich gedanklich vollkommen auf ihn fokussiert und meine Energie auf ihn gelenkt. Ich hatte ihn mir gewissermaßen herbeigewünscht. Fazit: Alles, was wir uns wünschen, und woran wir dauerhaft glauben, bekommen wir. Alles, was wir befürchten, auch. Suchen Sie es sich aus!

STÄRKEN UND SCHWÄCHEN

Frank-Peter Roetsch ist ein deutscher Biathlet, der 1988 Doppel-Olympiasieger in Calgary wurde. Doch eigentlich hätte er schon vier Jahre zuvor Olympia-Gold gewinnen können, wurde aber in Sarajewo von seiner miserablen Schießleistung daran gehindert. Als er aus dem damaligen Jugoslawien abreiste, hatte er sich schon zum Ziel gesetzt, nachzuholen, was er hier verpasst hatte.

Doch Roetsch hatte einen „Gewissenskonflikt". Es standen in diesem Winter 1983/84 noch zwei Weltcup-Stationen auf dem Wettkampfkalender, und diese musste er bestreiten. Doch welche war die beste Vorbereitung? Sollte er sein Langlauftraining vernachlässigen und sich dem Schießen widmen? Wenn Frank-Peter Roetsch in seinen Vorträgen diese Frage stellt, dann antworten ihm 90 % der Zuhörer: Jawohl, Konzentration auf die Schwächen.

Nun gehöre ich nicht zu jenen, die Defizite einfach ausblenden wollen (oder können). Doch mein Credo lautet, Stärken zu stärken und an den Schwächen zu arbeiten. Niemand kann mich daran hindern, das, was ich ohnehin bereits gut kann, in Zukunft noch besser zu machen. Wenn Sie ein erfolgreicher Verkäufer sind, der seinem Portfolio ein zusätzliches Produkt hinzufügen will, werden Sie ja auch weiterhin Ihr „Stammprodukt" vertreiben, oder nicht?

Wenn ich ein starker Radfahrer im Flachen bin und mich in den Bergen schwer tue, dann muss ich danach trachten, einerseits meine Stärken weiter auszubauen und an meinen Defiziten zu arbeiten. Es ist ein Irrglaube, anzunehmen, dass das „Race Across America" flach von Küste zu Küste führt. Es sind rund 40.000 Höhenmeter zu überwinden – auch dann, wenn ich im Training die Berge meide. Viel besser ist es also, in der Vorbereitung Bergetappen einzuplanen und meine Schwächen zu minimieren.

Viele Personen gehen mit ihren Schwachpunkten so um, als gäbe es sie nicht. „Augen zu und durch" ist ein Satz, den man immer wieder hört. Doch all das, was wir gedanklich verdrängen, überholt uns an anderer Stelle wieder. Angebrachter ist daher die Aussage: „Augen auf und durch!" Eigene Schwächen gehören akzeptiert und angenommen – erst dann können wir uns mit ihnen auch auseinandersetzen.

Zu den eigenen Schwächen zähle ich Fehler, die wir begehen, und zu denen wir in einem ersten Moment auch stehen, weil wir von der Richtigkeit unserer Gedanken oder Handlungen überzeugt sind. Auch hier lautet das Motto: „loslassen!" Es hindert uns niemand daran, nach einiger Zeit die Sichtweise der Dinge zu verändern und zu sagen, ja, das muss anders gemacht werden. Gleichzeitig geht es auch darum, sich selbst zu verzeihen und sich – Fehler hin, Einsicht her – weiter zu mögen.

Nur ein kleines Beispiel. Eines Tages, zu Beginn der Hallen-Klettersaison, begann ich, mit kleinen Bällen für das Klettern zu trainieren. Dabei geht es darum, einen Knetball in der Faust zu halten, diesen zusammenzudrücken und dann loszulassen. Dies fördert die Muskulatur in den Fingern. Einer meiner Kletterfreunde konnte dieser Übungsart nichts abgewinnen, er meinte, dass sich bei den für uns angestrebten Schwierigkeitsgraden diese

Übungen nicht auswirken würden, weil das Körpergewicht von Beinen und Armen getragen würde und nicht – wie in den höchsten Schwierigkeitsgraden – zuweilen von den Fingern allein. „Und überhaupt geht es beim Klettern um das Klettern, Klettern, Klettern – und nicht um irgendwelche Knetübungen", sagte er. Doch ich blieb über Monate hinweg der Überzeugung, dass dies eine gute Trainingsform sei. Erst als ich wieder in die Kletterhalle ging, merkte ich, dass mein Freund Recht hatte, und ich sagte es ihm auch. Wichtig ist mir, dass ich mich einer Situation stelle und diese nicht versanden lasse. Es ist wichtig, sich Dinge einzugestehen, damit diese auch gedanklich abgehakt sind und nicht immer wieder nachhängen.

TIPP:

SCHREIBEN SIE IHRE SCHWACHPUNKTE AUF! UND SCHREIBEN SIE UNTER DIESEN DEN SATZ: „ICH WERDE AN MEINEN SCHWÄCHEN ARBEITEN UND MEINE STÄRKEN STÄRKEN."

So, wie es auch Roetsch in der Mitte der 1980er-Jahre tat. Er konzentrierte sich im Hinblick auf die letzten Saisonrennen auf den Lauf und stellte im Laufe des Sommers in aller Ruhe seine Technik am Schießstand um.

DU BESTIMMST DEINE ZUFRIEDENHEIT SELBST

Im Winter 2011/12 hatte ich mir zum Ziel gesetzt, die Ama Dablam zu besteigen. Ich freute mich schon Wochen vorher, dort mit einem nepalesischen Bergsteiger-Kollegen allein unterwegs zu sein. Die Tour verlief sehr gut und programmgemäß. Wir erreichten über das Hochlager I (5700 m) das Hochlager II (6200 m), deponierten dort Lebensmittel, Steigeisen, Pickel und warme Bekleidung für den weiteren Aufstieg zum Gipfel und stiegen dann im Rahmen unserer Akklimatisation wieder ab. Dieses Auf- und Absteigen ist deswegen so wichtig, weil sich der Körper an die Höhenlage gewöhnen muss. Je höher wir steigen, umso schwerer fällt es dem Körper, sich den neuen Verhältnissen anzupassen. Hyperventilation, Kurzatmigkeit, Schlafstörungen, Kopfschmerzen bis hin zu Lungen- oder Hirnödemen können die Folge sein. Seit meinen persönlichen Erfahrungen am Aconcagua Jahre zuvor weiß ich, dass im Umgang mit Höhe nicht zu spaßen ist. Deswegen nehme ich die Akklimatisation sehr, sehr ernst! Durch die Auf- und Abstiege zwischen den Lagern wird der Körper kurzzeitig der Höhenlage ausgesetzt und beginnt mit Anpassungsvorgängen, die beim nächsten Aufstieg schneller in Kraft treten.

Dann saßen wir allerdings aufgrund schlechten Wetters rund eine Woche im Basislager fest. Und als wir wieder das Hochlager II erreichten, trauten wir unseren Augen nicht: Die gesamte Ausrüstung war gestohlen worden, an einem Gipfelversuch nicht mehr zu denken!

Ich flog enttäuscht nach Österreich zurück. Niemals hätte ich mir gedacht, dass auf solchen Höhen, unter Bergsteigern, es zu einem Diebstahl dieser Art kommen könnte. Selbstverständlich war ich zornig und wütend. Doch ich hatte auch andere Gedanken: jene, eine interessante und spannende Gegend unserer Welt gesehen zu haben, in der Abgeschiedenheit des Basislagers, in dem ich mich fast ganz alleine aufhielt, gesund und heil nach Hause zurückzukehren.

Ziel des Menschen ist es, zufrieden zu sein, aber aufgrund der eigenen privaten oder beruflichen Situationen, oder der allgemeinen Wirtschaftslage, die individuell mehr oder weniger Sorge und Stress bereitet, ist ein hoher Prozentsatz nicht zufrieden – sowohl in Österreich wie auch anderswo (Vanuatu und andere wenige Staaten nun mal ausgenommen – warum, davon später). In jenen Augenblicken im Hochlager der Ama Dablam war ich es auch nicht. Doch nach wenigen Tagen, als eine gewisse Distanz zu den Geschehnissen eintrat, als die Zeit begonnen hatte, Wunden zu heilen, fand ich mich in meiner Welt der Zufriedenheit wieder.

Jeder bestimmt subjektiv für sich, wann Zufriedenheit erreicht ist. Somit ist Zufriedenheit eine Einstellungssache, eine geistige Haltung. Laut Duden bedeutet Zufriedenheit, innerlich ausgeglichen zu sein und nichts anderes zu verlangen, als man hat und/oder mit den gegebenen Verhältnissen, Leistungen usw. einverstanden zu sein, nichts auszusetzen zu haben.

Es gibt indes auch die konstruktive Unzufriedenheit, die wertvoll, ja unabdingbar für die Weiterentwicklung verschiedener Technologien, oder besser: für die

Weiterentwicklung der Menschheit ist. Sonne und Winde werden in die Energiegewinnung eingebunden, damit der Mensch nicht mehr abhängig ist von Öl-, Gas- oder Atomenergien (die allesamt noch verfügbar sind). Autos fahren mit Treibstoff, und solange es diesen gibt, könnte man umweltfeindlich sagen, dass dies vorläufig reicht. Doch es werden Millionen in die Entwicklung gesteckt, um umweltfreundliche, sparsame Motoren zu entwickeln. Ringt nicht jeder Künstler – Maler, Bildhauer, Autor – Tag für Tag mit sich selbst, um besser zu werden? Auch Sie und ich wollen uns in unserem Metier immer weiterentwickeln, oder etwa nicht?

Auch die Frage nach Zufriedenheit kann somit lediglich individuell beantwortet werden. Wann sind denn Sie innerlich ausgeglichen? Wenn Sie ein dickes Bankkonto haben und keine finanziellen Sorgen? Wenn Sie in einer glücklichen Beziehung leben? Wenn Sie sich in Beruf und Freizeit selbst verwirklichen können? Wenn Sie Fortschritte in der Weiterentwicklung Ihrer Profession aufweisen können? Überprüfen Sie für sich selbst: Was macht mich zufrieden?

Gedanken bestehen aus Wörtern und Bildern, die das Verhalten und die Gefühle beeinflussen. Erarbeiten Sie sich einen Wortschatz, der in Ihr tägliches Leben einfließt! Finden Sie Ihre Begriffe, Eigenschaften, Erklärungen. Und es dürfen auch gerne mehrere Wörter pro Buchstabe sein!

Was macht mich zufrieden?

Z
U
F
R
I
E
D
E
N
H
E
I
T

WAS IST WICHTIG? WAS IST WIRKLICH WICHTIG?

Bei der Besteigung des Mt. Vinson (4897 m) 2009 war ich vor einer heiklen Aufgabe gestanden. Für mich hatte es den Anschein, als würde die Gruppe in mehrere Lager zerbrechen, was den Gipfelerfolg gefährdet hätte. Es schien unklar, wann der Gipfeltag war, und es war einer dabei, der sich auch alleine auf den Weg machte – gegen alle Regeln und alle Absprachen.

Letztlich erreichten wir alle den höchsten Punkt der Antarktis, und ich war überwältigt von den Gefühlen, einen Berg in solch exklusiver Gegend bestiegen zu haben. Die Rückkehr zog sich in die Länge, weil wir aufgrund eines Sturms tagelang in unseren Zelten festsaßen. Ich sprach damals die negativen Gedanken, die mich vorher beschäftigt hatten, nicht an. War es notwendig, Öl in ein immer noch flammendes Feuer zu gießen? Was würde mein verbaler Angriff, meine Konfrontation bringen? War es wirklich wichtig, diese zu thematisieren?

Zuweilen müssen wir uns alle auf die Zunge beißen, um des Friedens willen. Es ist wirklich nicht so, dass die ganze Welt täglich auf Ihre oder meine Meinung wartet. Wir müssen uns nicht zu Richtern der Nation aufspielen und mit unseren Urteilen um uns werfen. Denn sind wir sicher, dass wir alles richtig machen? Jeder von uns hat schon Verfehlungen hinter sich, weil diese Teil des Lebens sind. Wer von euch ohne Sünde ist…

Nun geht es mir weniger um Sünde, Sühne und Strafe.

Auch ich habe meine Meinungen zu Gewalt- oder Wirtschaftsverbrechen und auch ich denke über adäquate Strafmaße nach, über Haft oder Fußfesseln oder empfindliche Geldstrafen. Doch oft denke ich mir ganz bewusst: Sag einfach nichts. Es ist nicht wichtig, was Du jetzt mitteilen willst, erspare Dir die Reibung, die entsteht, wenn Du jetzt auf Konfrontationskurs gehst.

Wichtige Kämpfe gehören ausgefochten, heißt es, und ich stimme dem Prinzip, aber nicht der Wortwahl zu. Kämpfen, siegen, besiegen – das klingt alles so kriegerisch, da kommen keine guten, warmen Gefühle in mir hoch. Ich formuliere es etwas sanfter: Dinge, die zu tun sind, muss man tun. Alle anderen kann man bleiben lassen.

Worte und Taten sind Auslöser für weitere Worte und Taten in unserem Umfeld, in unserer Welt. Deswegen gehe ich auch sehr sorgsam mit diesen um. Doch ich beobachte Menschen, die tagtäglich auf größere oder kleinere Konfrontationen aus sind. Ich hingegen habe mir abgewöhnt, auf Kleinigkeiten hinzuzeigen, auch wenn es nicht immer leicht ist.

Ich sage nicht, dass ich immer so war (und zuweilen bin). Auch ich lege Wert auf die deutsche Rechtschreibung, auch ich habe versucht, vom Beifahrer zum Fahrer zu werden, und mit Sicherheit habe ich meine Begleiter beim RAAM nicht immer mit Samthandschuhen angefasst. Aber jeder entwickelt sich weiter, und ich bin gelassener und ruhiger geworden. Perfektion strebe ich keine an für mich, außer dann, wenn es um Sicherheit geht. Dabei denke ich nicht nur an Outdoor-Aktivitäten. Wenn ich beispielsweise von meinem Haus die kurze Strecke zum Supermarkt fahre, lege ich immer den Sicherheitsgurt an (auch das ist

Routine!). Andererseits darf die Sache mit der Sicherheit nicht übertrieben werden – für leichtere Klettersteige benötige ich keine spezifische Ausrüstung; gewisse Dinge müssen schon vorausgesetzt werden können.

Unwissend in eine Bergbesteigung zu gehen, unwissend in eine Besprechung – diese Gedanken gibt es bei mir nicht. Gedanklich besteige ich Berge schon lange, bevor ich vor Ort bin. Ich setze mich mit ihnen auseinander, sage mir, wie ich jenes oder anderes machen werde. Diese praktische Vorbereitung und mentale Einstellung ist jedem Bergsteiger, jedem Sportler zu eigen. Doch auch jedes Meeting, jedes Arbeitsessen, jedes Bewerbungsgespräch kann im Vorfeld durchgespielt werden. Diese mentale Auseinandersetzung bringt das Unbekannte näher an die Komfortzone.

Die gedankliche Simulation von Umständen und Begebenheiten ist keine Erfolgsgarantie. Wind und Wetter, körperliche Befindlichkeiten und falsches Material können bei Bergbesteigungen K.-o.-Faktoren sein. Doch wenn man bereit ist, Kompromisse einzugehen, sich konkrete Fragen stellt, wie was zu schaffen sei, dann steigen die Erfolgsaussichten. Also nicht: schauen wir mal was wird. Und noch viel weniger: daran denken, dass man es nicht schafft. Jede Beachtung bringt Verstärkung, und Du erreichst, was Du denkst!

DER GEDANKE ALLEIN IST NICHT GENUG

GLÜCKSTIPPS

Was macht glücklich?

Sich an Schönes erinnern	macht glücklich
Im Einklang mit sich leben	macht glücklich
Sich bewegen	macht glücklich
Aktiv sein	macht glücklich
Vorfreude	macht glücklich
Freundschaften	machen glücklich
Positive Ziele	machen glücklich
Abwechslung im Leben	macht glücklich
Einen Sinn im Leben haben	macht glücklich
Lachen	macht glücklich

ÜBER DAS GLÜCK

Wenn ich mit anderen Personen ins Gespräch komme und diese frage, wie es ihnen denn so geht, dann erhalte ich sehr häufig eine von drei Antworten, die Sie auch kennen werden – oder sich sogar in diesen wiederfinden:

Ja, ja geht schon so.
Ja, so eben, wie die anderen wollen.
Ja, man muss halt zufrieden sein, wie es gerade so ist.

Und jedes Mal muss ich gedanklich mit dem Kopf schütteln und mich fragen, ob wir denn noch zu retten sind?! Wenn wir zu Hause einen Kühlschrank haben, der gefüllt ist, wenn wir ein eigenes Bett haben, in dem wir schlafen können, wenn wir ein Dach über dem Kopf haben, wenn wir Kleidung haben – dann sind wir reicher als 75 % der Weltbevölkerung.

Doch Glück kann man nicht kaufen. Einmal hörte ich gar den Satz einer bekannten Schauspielerin: „Ich hab's mit teuren Schuhen und Handtaschen probiert – das hat auch nicht funktioniert..." Nein: materielle Werte sind kein Ansatz zum Glücklichsein. Wenn ich abseits der Zivilisation in den Bergen oder in der Wüste unterwegs bin, dann muss ich mit zehn, 15 Kilogramm Gepäck auskommen – alles inklusive, weil jedes Kilogramm selbst getragen werden muss. Wenn man zu einem Wellness-Wochenende in eine Therme fährt, oder zu einem Kurzurlaub aufbricht, dann lassen sich die fahrbaren Reisekoffer ganz einfach in das Auto ein- und ausladen. Da zieht man zwei dicke Gepäckstücke auf Rädern hinter sich her und man denkt ganz angestrengt nach, ob man nicht etwas vergessen haben könnte.

Sicherlich haben Sie schon davon gehört, dass es Glücksforscher gibt. Diese beschäftigen sich damit, herauszufinden, wie glücklich die Menschen auf der Welt sind, und wo sich diese befinden. Da gibt es eine ganze Reihe von Studien verschiedener Organisationen, und diese bringen doch auch sehr überraschende Resultate. Die glücklichsten Menschen auf unserem Planeten leben nämlich nicht dort, wo wir sie vermuten – in der sogenannten ersten Welt –, sondern in einer anderen.

„DAS GLÜCK GEHÖRT DENEN, DIE SICH SELBER GENÜGEN."

ARTHUR SCHOPENHAUER

Da gibt es eine Inselgruppe in der Südsee, die aufgrund des ständig steigenden Meeresspiegels dem Untergang geweiht ist. Die dort lebenden Menschen verdienen meinen höchsten Respekt und sind in gewisser Weise Vorbilder – sie gehören nämlich zu den glücklichsten Personen auf dieser Welt (und wer möchte nicht so sein wie diese?!). Die Einwohner von Vanuatu sind Bauern und Fischer; nur wenige von ihnen sind im Tourismus tätig. Hotels und Asphaltstraßen gibt es deswegen kaum, Geld und Konsum spielen nicht die erste Geige – dafür viel mehr jene Werte, auf die es tatsächlich ankommt. Gemeinschaft und Familie stehen im Mittelpunkt, das Finden und Verwirklichen von innerer Gelassenheit, die tägliche Freude, das tägliche Lachen. Menschen auf Vanuatu zeigen uns allen auf, wie schnell und wie sehr wir uns verlaufen können auf unserer Suche nach Ruhm und Ehre und Macht und Geld.

Die Lebenserwartung auf Vanuatu liegt bei 63 Jahren, und die sogenannten Märkte, die das gute und schlechte Wetter in der ersten Welt machen, sind so weit weg wie der Mond vom Mondsee in Oberösterreich. „Morgen wird es noch besser", ist ein beliebter Gruß auf Vanuatu.

Doch auch wenn verschiedene Kriterien verschiedene Sieger bringen, so haben sich doch nach vielen Jahren der Glücksforschung einige „Glücksregeln" herauskristallisiert. **Man fand heraus, dass glückliche Menschen einige Dinge gemeinsam haben:**

- sie hadern nicht mit ihrem Schicksal
- sie leben in der Gegenwart
- sie führen ein einfaches Leben
- sie sind mit wenig zufrieden
- sie pflegen Freundschaften
- sie treffen schneller Entscheidungen
- sie schauen wenig fern
- sie haben einen prinzipiell eingeschränkten Medienkonsum
- sie sind dankbar
- sie haben ein Lebensziel

Übrigens: Österreich und Deutschland lagen in den Jahren 2011/12 irgendwo um Platz 30, um Rang 100 die USA, das sogenannte Land der unbegrenzten Möglichkeiten.

„MEINE GLÜCKSDEFINITION: GLÜCK IST EIN POSITIVER, INTENSIVER ZUSTAND."

WOLFGANG FASCHING

Wenn wir von Glück sprechen, müssen wir unterscheiden zwischen „Glück haben" und „glücklich sein". Diese beiden Aussagen haben nichts miteinander zu tun – beide sind aber Folgen einer Tätigkeit. Wenn Sie ins Casino gehen und auf die richtige Farbe setzen, oder im Lotto auf die richtigen Zahlen tippen, dann haben Sie Glück. Sind Sie deswegen auch glücklich?! Wenn ja: wohl nur kurzfristig, prinzipiell aber wohl nicht. Zwischen „luck" und „happiness" besteht ein riesengroßer Unterschied.

Unsere Fähigkeit, zufrieden und glücklich zu sein, hängt von der Beschaffenheit unserer Gedanken ab. Somit existiert Glück im Sinne von „glücklich sein" nur subjektiv in den Augen des Betrachters, wie die Schönheit in der Kunst beispielsweise. Sie entscheiden selbst, was Glück für Sie bedeutet.

TIPP:

GLÜCK HÄNGT NICHT DAVON AB, WER SIE SIND ODER WAS SIE BESITZEN. GLÜCK HÄNGT DAVON AB, WAS SIE DENKEN!

Somit gibt es nicht den einen Weg allein zum Glück, sondern viele individuelle Pfade – finden Sie den Ihren! Doch wie in der Kunst und in der Diskussion um objektive

Schönheit gibt es Grundpfeiler des Glücks.
Die vier Glücksbereiche des Menschen sind

Arbeit und Leistung.
Wir wollen Erfolg haben und Befriedigung empfinden in und mit dem, was wir tun. In diesen Bereich fallen Karrieredenken, ökonomischer Wohlstand und materielle Güter: Häuser, Autos und so weiter.

Familie, Verwandte, Freunde.
Doch Geld allein macht nicht glücklich. Wir alle benötigen das Gefühl der Geborgenheit, der Zuneigung, der Liebe. Und wir möchten geliebt werden für das, was wir sind, und nicht für das, was wir repräsentieren oder erreichen.

Körper und Gesundheit.
Wir alle möchten gesund alt werden. Also wünschen wir uns für unser Glück Zeit, Sport zu betreiben oder uns anderweitig um unser Wohlbefinden zu kümmern – durch ausspannen, erholen, abschalten. Stichwort: Wellness.

Sinn und Kultur.
Dabei geht es weniger um den Besuch von Opernaufführungen oder Vernissagen. Viel mehr beschäftigen wir uns in diesem Bereich mit den grundsätzlichen philosophischen und theologischen Fragen des Lebens und denken über Selbstverwirklichung und Sinn des Lebens nach.

Wenn all diese vier Bereiche in Balance, also ausgeglichen, zueinander stehen, stellt sich allgemeine Zufriedenheit im Leben ein – und es ist der älteste Wunsch des Menschen, glücklich zu sein bzw. glücklich zu werden!

Glücklich machen kann Sie:

- Wenn Sie in einer harmonischen und stabilen Partnerschaft leben
- Wenn Sie eine enge und befriedigende Beziehung in der Familie, zu Freunden pflegen
- Wenn Sie einer beruflichen Tätigkeit nachgehen, die Sie als befriedigend und erfüllend ansehen
- Wenn Sie anderen helfen und diesen Gutes tun
- Wenn Sie Sport treiben
- Wenn Sie Sex haben
- Wenn Sie dankbar sind für Freunde, Gesundheit, Familie, Partner, usw.
- Wenn Sie neugierig und offen sind für Neues
- Wenn Sie sich selbst akzeptieren und an sich glauben
- Wenn Sie selbstbestimmt leben: das tun, was Sie für wichtig und richtig halten
- Wenn Sie genießen können

Glücksgefühle sind kein Zufall, sondern die Folge richtiger Gedanken und Handlungen. Verblüffenderweise scheint sich das Glück aber an die Fersen der ausdauernd Tüchtigen, Fleißigen und Bemühten zu heften, die nicht gleich beim ersten Gegenwind aufgeben! Es gibt das sogenannte „Glück des Tüchtigen" – agieren Sie, und Sie werden glücklich sein, Glück haben! Und wer beim Lotto gewinnen möchte, sollte also schon auch einen Schein ausfüllen.

TIPP: *FINDEN SIE BESCHÄFTIGUNGEN, DIE SIE GEISTIG UND/ODER KÖRPERLICH FORDERN UND DENEN SIE SICH MIT HINGABE WIDMEN WOLLEN!*

Geld, Konsum und Konsumgüter machen nicht glücklich – zumindest nicht auf Dauer – denken Sie an Vanuatu: Dort sind nicht Geld und Prestige wichtiger, sondern Familie und Beziehungen. Deswegen ist es falsch zu glauben, dass der Gehaltsscheck, oder das Einkommen direkt proportional zum Glück (und auch der Motivation) stehen kann, nach dem Motto: je mehr ich verdiene, umso motivierter, umso glücklicher bin ich. Erstens funktioniert dies nur bis zu einer gewissen Grenze, und zweitens sind Sie immer so reich, wie Sie sich fühlen! Ein gewisses Einkommen ist sicherlich notwendig, um die Grundvoraussetzungen zum Glücklichsein und der Zufriedenheit zu erfüllen. Doch macht es dann einen Unterschied, ob Sie 50 Euro mehr oder weniger im Monat verdienen?

Marlene Grabherr war am 20. Mai 2001 die erste Millionen-Gewinnerin, damals noch in D-Mark, bei der TV-Show „Wer wird Millionär". Ende 2011 war sie pleite, Ihr Leben ruiniert. Vom Geld hatte sie sich ein Haus und fünf Autos gekauft, und hatte Reisen durch ganz Europa gemacht. Zudem ging viel Geld an Verwandte und Bekannte, die es sich von ihr ausborgten, aber nie zurückzahlten. Und auch der Kontakt zu den Geschwistern litt ob des Geldes – die Familie zerstritt sich. Heute sagt sie: „Am liebsten will ich das alles vergessen." Doch ihr Schicksal ist kein Einzelschicksal. 80 Prozent aller Lottogewinner sind bereits nach zwei Jahren wieder bei null angelangt – oder finden sich sogar mit Schulden wieder. Geld alleine kann nicht für ein glückliches Leben sorgen.

Geld war und ist für mich persönlich nicht so wichtig, weder damals, als ich beim „Race Across America" mitfuhr, auch jetzt nicht, wo ich Vorträge und Seminare halte. Für mich stand immer das Abenteuer, das Projekt im

Mittelpunkt meiner Überlegungen. Denn wenn Sie, oder ich, Gedanken haben wie: „Für dieses bisschen Geld arbeite ich nicht mehr" – dann kommen wir nicht vom Fleck. Sicher habe ich bei meinen radsportlichen wie alpinistischen Unternehmungen daran gedacht, die Projektkosten zu decken, mein Tun den Sponsoren schmackhaft zu machen und es medial der Öffentlichkeit zu vermitteln. Aber ich habe nie an Preisgelder gedacht. Fragen wie: „Was gibt es dort zu gewinnen?", gestellt von Personen, die nicht einmal in die Nähe dieser Prämien gekommen wären, haben mich immer wieder überrascht. Wenn es an einem Tag mehrere Konkurrenzen gegeben hat, waren es diejenigen, die dort angetreten sind, wo am meisten „zu holen" gewesen wäre. Und ich? Ich habe 1997 das RAAM gewonnen. Preisgeld: null. Ich habe das Midnight Sun Race in Alaska bestritten, 660 km von Anchorage nach Fairbanks, mit Tausenden von Höhenmetern, am längsten Tag des Jahres. Preisgeld: null. Ja, es war mir zuweilen auch peinlich, von meinen Radsport-Unternehmen zu erzählen und zugeben zu müssen, dass es dort eben keine Prämien der Veranstalter für die Besten gab. Doch es war das, was man gemeinhin eine Erfahrung für das Leben nennt.

Herzensangelegenheiten und Visionen motivieren und machen letztlich glücklich. Nicht Geld.

Denken Sie daran, dass es früher bei Alpinen Skiweltmeisterschaften kein Preisgeld gab und es dieses auch heute noch bei Olympischen Spielen nicht gibt. Da hätte unser bereits erwähnte Sportsfreund sagen müssen: „Zu den Olympischen Wettbewerben fahre ich nicht hin, da gibt's ja nichts zu verdienen." Bitte, keine Zwischenrufe: ja, ich weiß auch, dass es den „Return on Invest" auf anderen Ebenen, durch Startgelder bei gut bezahlten Leichtathletik-Meetings oder durch Sponsorenprämien beispielsweise, gibt.

TIPP:

LASSEN SIE DAS GELD LOS. ES WIRD WIEDER ZU IHNEN ZURÜCKKOMMEN!

Geld ist wichtig. Wir benötigen es, um unsere Rechnungen bezahlen zu können, und es verleiht auch Sicherheit. Doch Geld allein macht nicht glücklich, genauso wenig wie die Vision, glücklich zu sein, nicht abstrakt bleiben darf. Schaffen Sie ein Bild Ihres Glücks gedanklich in Ihrem Kopf! Und nach der Gedankenebene kommt die Spannungs-, Verhaltens- und Gefühlsebene!

Die Spannungsebene wird häufig auch als physiologische Ebene bezeichnet und soll vereinfacht zum Ausdruck bringen, dass sich unser Aktivierungsniveau ständig zwischen den Polen Panik und Tiefschlaf bewegt. Um leistungsfähig zu sein, gibt es für fast alle Situationen des Lebens einen optimalen Spannungsbereich. Die Kunst ist es, den aktuellen Spannungsbereich wahrzunehmen und ihn ideal herstellen zu können. Bewegt sich das Spannungsniveau nach oben, sollen Entspannungstechniken (Relaxationsübungen) eingesetzt werden. Senkt sich dieser nach unten, sollten Sie in der Lage sein, durch Mobilisationstechniken den Spannungspegel zu heben.

Die Verhaltensebene. Ihre Aktivitäten führen häufig zu Stimmungsänderungen. Diverse Verhaltensprogramme sollten gut vorbereitet in bestimmten Situationen zum Einsatz kommen. So haben Sie sicherlich schon Startvorbereitungsrituale von Sportlern gesehen, die sich auf ihren Einsatz vorbereiten. Diese bekommen durch diese Abläufe Sicherheit. Sie haben auch ihre Notfallprogramme, sollten unvorhersehbare Situationen eintreten. Bewegung kann zu Endorphinausschüttungen führen, die zur Aufhellung der Stimmungslage beitragen. Ebenso führt Bewegung zu einer Verbesserung der Verarbeitungskapazität im Gehirn. Durch rhythmische Links-rechts-Bewegungen sollen die Gehirnhälften angeregt werden. Weiters ist das Verhalten eines energielosen Menschen stark durch Isolation und Rückzug geprägt. Der Aufbau von Aktivitäten gilt hier als bewährtes Therapiemittel. Die Körpersprache – Mimik, Gestik – spiegelt unsere Befindlichkeit wider. Wir können durch eine bewusste Veränderung unserer Körpersprache auch unsere Stimmung und Befindlichkeit verändern.

Um Stimmungszustände zu verändern, sind bereits körperliche Aktivitäten sehr hilfreich. Wenn Sie beispielsweise nach einem anstrengenden Arbeitstag erschöpft auf dem Sofa liegen und eigentlich noch etwas unternehmen wollten, sind Sie aufgrund der eigenen Bequemlichkeit vielleicht mit sich selbst unzufrieden. Wenn dann das Telefon läutet, wenn Sie von einem Bekannten überredet werden, nun doch mit ihm auszugehen, dann ändert sich meistens die Stimmung: Sie fühlen sich besser. Sie haben nichts anderes getan, als über eine Verhaltensweise Ihre Befindlichkeit zum Positiven verändert.

Ihre Befindlichkeit, Ihr Glück, wird häufig als Gefühl wahrgenommen. Der ideale Gefühlszustand wird zumeist in der goldenen Mitte zwischen den Polen Angst und Langeweile angesiedelt. Neben den Emotionen gibt es auch ein Bewegungsgefühl; die Sensoren und Rezeptoren befinden sich in den Muskeln, Sehnen, Bändern und Gelenken und vermitteln uns, ob die Bewegung harmonisch, rhythmisch und ökonomisch verläuft. Weiters beeinflussen Emotionen unser Verhalten. Freude macht uns schneller, Ärger ebenso. Trauer und Resignation machen uns langsam. Es handelt sich dabei um Energieverteilungsmuster, die uns steuern.

Sie können auf jeder dieser Ebenen den Zugang zum „Glücklichsein" finden. Gelingt es auf einer, schalten sich alle anderen Ebenen dazu. Haben Sie ein gutes Gefühl, stimmen die Gedanken, die Spannung ist in einem optimalen Bereich und Sie verhalten sich selbstkompetent. Doch der Ausgangspunkt sind Ihre Gedanken!

„SEI DU SELBST. ALLE ANDEREN SIND SCHON BESETZT."

OSCAR WILDE

Sie können es drehen und wenden wie Sie wollen. Nehmen Sie sich so an, wie Sie sind. Sagen Sie sich: Das bin ich und ich stehe dazu und bin es mir wert! Sätze wie: „Jemand anderer wird es schon richten" zielen in die komplett falsche Richtung. Was richten? Ihr Leben? Ihre finanziellen Verhältnisse? Oder gar Ihr Glück?

Sich selbst annehmen passiert zuallererst auf der Gedankenebene. Insofern stimmt der Satz, dass die Grenzen im Kopf gesetzt werden. Dort wird eine erste Selektion getroffen. Sind Sie ein Optimist oder ein

Pessimist? Kennen Sie den Unterschied? Der Pessimist ärgert sich über eine stehen gebliebene Wanduhr. Der Optimist sagt sich mit einem Lächeln, dass sie mindestens zweimal im Laufe von 24 Stunden die richtige Zeit anzeigt.

Wenn Sie Ihre Gedanken nicht verändern, wird sich auf Dauer nichts verändern. Andere Gedanken bringen andere Verhaltensformen mit sich. Überprüfen Sie selbst. Wenn Sie sich in der Früh in den Spiegel schauen – geschminkt oder ungeschminkt, rasiert oder unrasiert –, welche Gedanken gehen Ihnen durch den Kopf? Erkennen Sie die Person im Spiegel? Mögen Sie diesen Menschen überhaupt, mehr noch: Lieben Sie diese Person?

Wenn nicht einmal Sie sich mögen, wer soll Sie dann mögen? Treten Sie von sich geliebt, überzeugt und selbstsicher auf, und Sie werden von Ihrem Umfeld anders wahrgenommen – angenehm, positiv, erfreut. Energielose Menschen haben selten einen aufrechten Gang, hängen dafür grübelnd in ihrer grauen Gedankenwelt fest. Und Beachtung bringt Verstärkung – in beide Richtungen, positiv wie negativ. Wenn ein Redner zu Beginn eines Vortrags sagt: „Eigentlich kann ich nicht so gut reden", so setzt dies eine Gedankenmaschinerie beim Zuhörer in Bewegung. Auch wenn die Rede sehr gut war, werden den Zuhörern zwei Versprecher auffallen – weil er eben auf diese unbewusst fokussiert wurde. Umgekehrt sorgt der Satz „Heute halte ich einen super Vortrag für Sie" für Beachtung der von mir transportierten Inhalte.

Nun leben wir in einer Welt, in der sich die meisten sagen, dass dieses und jenes nicht funktioniert. Oder die gesagt bekommen, dass es nicht funktioniert. Wissen Sie, wie oft Kinder und Jugendliche bis zu ihrem 21. Lebensjahr gesagt bekommen: „Das geht nicht." „Das darfst Du nicht." „Das kannst Du nicht."? 150.000-mal! Und weil Wiederholung Verstärkung schafft, glaubt es die junge Generation am Ende selbst.

„WENN JEMAND SAGT, DASS ETWAS NICHT GEHT, SOLLTE ER ZUMINDEST NICHT JENEM IM WEG STEHEN, DER SICH AN DIE ARBEIT MACHT."

CHINESISCHES SPRICHWORT

Das ist schade, und dies finde ich verwunderlich, weil die Geschichte voll ist von Beispielen, dass eben doch alles, oder gut: fast alles, realisierbar ist. Dass die Wege oft hart und mühsam sind, dass es Niederlagen, Rückschläge und Krisen gibt, ist klar. Rund 10.000-mal hat Thomas A. Edison versucht, die elektrische Glühlampe zum Leuchten zu bringen, ehe er es schaffte, und er sagte danach: „Ich bin nicht 10.000-mal gescheitert. Ich habe nur 10.000 Wege gefunden, die nicht funktionieren. Ich bin ein Mann aus der Praxis, ich habe aus meinen Fehlern gelernt."

Erfolg stellt sich leichter ein, wenn Sie gedanklich ein konkretes Ziel haben. Dieses lag für den Briten Roger Bannister in der Herausforderung, die Meile, also 1,6093 Kilometer unter vier Minuten zu laufen. Wir befinden uns in den 1950er-Jahren, und es schien in der Leichtathletik ein Ding der Unmöglichkeit zu sein, diese „Schallmauer" zu durchbrechen. Und wie Menschen so sind: Man fand sich damit ab, dass der menschliche Körper nicht in der

Lage sein würde, die Meile unter vier Minuten zu laufen. Da waren sich alle einig. Fast alle. Der 25-jährige Medizinstudent Bannister wollte den Gegenbeweis antreten und war auch überzeugt, dass er es schaffen könnte. Er wurde nur verspottet, es wusste ja jeder, dass es nicht ging!

Sein Studium ließ ihm nicht viel Zeit für die Vorbereitungen, und so musste Bannister das Training umstellen, zog Schnelligkeit und Spritzigkeit den langen, langsamen Dauerläufen vor. Er stellte sich vor, wie es sein würde, unter der magischen Zeitgrenze ins Ziel gekommen zu sein, visualisierte den Moment seines Erfolgs und ließ negative Kommentare abprallen. Er sagte sich autosuggestiv Tag für Tag, Woche für Woche: „Ich bin der erste Mensch der Welt, der die Meile unter vier Minuten läuft." Und er sagte es sich nicht einmal, sondern viele, viele, viele Male. Damit gilt Bannister zusammen mit dem Berliner Psychiater Johannes Heinrich Schulz als ein Mitbegründer der modernen Autosuggestion.

An jenem windigen, regnerischen 6. Mai 1954 verfolgten rund Tausend Zuschauer sein Rennen im kleinen Stadion der Universität Oxford. Als der Platzsprecher die Zeit bekannt gab, brach nach der „drei" dermaßen großer Jubel aus, dass der Rest unterging. 3:59,4 Minuten – eine leichtathletische Schallmauer war durchbrochen.

„MEIN LAUF WURDE ZU EINEM SYMBOL DAFÜR, EINE HERAUSFORDERUNG ANZUNEHMEN. ICH SEHE DIESEN WELTREKORD GERNE

ALS EINE METAPHER – NICHT NUR FÜR DEN SPORT, SONDERN FÜR DAS LEBEN UND SEINE HERAUSFORDERUNGEN. ICH FREUTE MICH IMMER DARAUF, DASS ICH VIELEN LÄUFERN NACH MIR DAS UNMÖGLICHE MÖGLICH ERSCHEINEN LIESS UND SAH AUCH, WIE SIE ES DANN SCHAFFTEN."

SIR ROGER BANNISTER

Die Königin adelte Bannister 1975 zum „Sir". Das US-Magazin „Forbes" wählte seinen Rekordlauf zur größten sportlichen Leistung der vergangenen 150 Jahre – wohl auch, weil er eine Vorbildwirkung hatte, die seinesgleichen sucht. Im gleichen Jahr blieben 37 Athleten unter der Vier-Minuten-Grenze, im Jahr darauf rund 300. Die Glühlampe Edisons war die Traummeile Bannisters, war der Flug des Menschen zum Mond.

Und was hören wir in unserer engeren Umgebung? Geht nicht, schaffen wir nicht, ist nicht notwendig, so ein Blödsinn und so weiter. Dabei wissen wir alle, dass Grenzen im Kopf gesetzt werden – einer macht es vor, und plötzlich können es viele. Als Reinhold Messner mit seiner Idee an die Öffentlichkeit ging, den Mt. Everest ohne künstlichen Sauerstoff besteigen zu wollen, wurde er von verschiedenen Seiten angegriffen: weil es einfach nicht machbar sein sollte. Messner selbst meinte einmal, dass er seine Erfolge auch Neidern in seinem Umfeld verdankte. Diese hätten ihn von seinem Weg abbringen wollen, in Wahrheit aber angetrieben.

LOGIK VS. BAUCH

Es ist der Januar 2009, ich komme gerade aus der Antarktis, wo ich den Mt. Vinson bestiegen habe und will jetzt noch – mit dem notwendigen Respekt, aber doch etwas in Eile – den Aconcagua in Südamerika besteigen. Die Zeit drängt, der Rückflug nach Europa ist gebucht, die nächsten beruflichen Termine in Österreich bereits fixiert. Doch in Hochlager zwei, auf 6200 m, bin ich mit meinen Kräften am Ende. Mein Kopf schmerzt, Appetit habe ich keinen, dafür Anzeichen einer Höhenkrankheit. Das Wetter ist zwar noch schön, doch die Prognose sagt, dass es bald schlechter werden würde. Ein oder zwei Tage noch, dann scheint eine Besteigung nur mehr schwer, wenn überhaupt, machbar zu sein. Doch mir ist klar: So, wie ich mich fühle, brauche ich es gar nicht zu versuchen.

Unendlich viele Gedanken pfiffen in diesen Stunden durch meinen Kopf: ob ich mir zu viel zugemutet hatte mit Mt. Vinson zuvor, Aconcagua jetzt? Meine Logik trieb mich an, sagte mir, dass das Wetter schlechter werden würde, dass ich in wenigen Stunden aufzubrechen hatte Richtung Gipfel. Wenn nicht jetzt, wann dann? Mein Bauch hielt mich zurück, das Gefühl sagte mir: Ich schaffe es nicht, gönne dir noch einen Tag Pause. In meinen Gedanken machten sich Erinnerungen der ersten Aconcagua-Expedition breit. Einen Tag später hatte sich mein Gesundheitszustand stark verbessert. Die Wetterverhältnisse waren zwar nicht berauschend, aber für den Aufstieg auf den Gipfel und die Rückkehr in das Basislager gut genug. Meine Entscheidung, zuzuwarten, war gerade noch richtig gewesen.

So sehr Sie sich auch auf Daten und Fakten berufen, so

sehr werden Sie – einmal mehr, einmal weniger – in all Ihren Entscheidungen auch von Emotionen geleitet. Das Bauchgefühl ist schneller, konzentriert sich auf die wesentlichsten zur Verfügung stehenden Informationen, lässt Erinnerungen hochkommen, prognostiziert und entscheidet in Sekunden oder Sekundenbruchteilen. Ein Kletterer mag eine Wand bis ins Detail studiert haben. Einmal dort, sagt ihm letztlich das Bauchgefühl, ob er sich nach links oder rechts wenden soll. Eine Unternehmensleiterin mag ein Business-Gespräch bis in alle Einzelheiten geplant haben. Einmal im Meeting, ist das Bauchgefühl ein gleichwertiger Partner der Logik.

Wer aus dem Bauch heraus entscheidet, gilt in der Gesellschaft gerne als unberechenbar. Denn Kopf-Entscheidungen sind nachvollziehbar, Fakten sind messbar, und sollten sie nicht das gewünschte Ergebnis bringen, dann würde es wohl heißen: „Ich hätte es genauso gemacht, alles sprach dafür." Emotionale Entscheidungen, die falsch waren, verlangen nach viel größerer Aufarbeitung.

Während das Bauchgefühl mit hoher Geschwindigkeit zu Entscheidungen drängt, ist der Kopf langsam, ja behäbig. Das logisch-analytische Denken kommt erst nach Erfassen aller möglichen Faktoren und nach dem Abwägen der Pros und Contras zu einer Entscheidung.

Ich möchte nicht falsch verstanden werden und dem Bauch die Entscheidungshoheit übertragen. Sicher gibt es immer wieder auch faktische Entscheidungen, die nur der Kopf fällen kann. Doch was gibt es Schöneres in Ihrer Denk- und Entscheidungsweise, wenn einmal Bauch, einmal Kopf die Oberhand gewinnen?!

Aber was sind beispielsweise klassische Fragen an den Kopf...

- Ist meine Unternehmung, mein Vorhaben realistisch?
- Habe ich die körperlichen Voraussetzungen dazu?
- Was sagt meine Frau, mein Geschäftspartner zu dieser Idee?
- Stabilisiere oder gefährde ich dadurch den Erfolg meiner Firma?
- Ist das, was ich vorhabe, nicht eigentlich sinnlos?

... und an den Bauch?

- Ist das wirklich mein Wunsch?
- Kann ich mich gedanklich am Ziel sehen?
- Fühlen sich meine Emotionen gut an, wenn ich daran denke?
- Spüre ich inneres Feuer und große Motivation?
- Gehen Glaube und Wille in die gleiche Richtung?

Wenn also Sehen, Hören, Riechen, Schmecken, Tasten die fünf Sinne sind, so ist das Gefühl der sechste Sinn. Nichts geht ohne Gefühl, doch immer auf den Bauch zu hören, ist auch nicht so sinnvoll. Wie gerne würde ich beispielsweise nochmals das „Race Across America" bestreiten. Unter emotionalen Gesichtspunkten würde ich es einfach spannend finden, nochmals dort dabei zu sein. Doch die Logik ist dagegen: acht Starts, achtmal am Podest – das Kapitel RAAM ist abgeschlossen. Was, wenn die Platzierung nicht ist wie erwünscht? Bin ich wirklich bereit, diesem Anliegen eine Spanne meines Lebens unterzuordnen? Kann ich dies wirklich wie gewollt umsetzen?

Der Dualismus Logik vs. Bauch wohnt jedem von uns inne. Oft genug kommt es auch vor, dass Sie von der Logik her in die eine, von der Emotionalität her in die andere Richtung argumentieren. Das Ergebnis: Sie sind und wirken unsicher, aber Sie gewinnen – zumindest vorübergehend – an Zeit. Sie schieben eine Entscheidung auf und müssen sich nicht sofort deklarieren. Zuweilen ergänzen sich Kopf und Bauch. Wenn ich nach Trainingsplänen arbeite, die Pulsfrequenz als guten Parameter mitbeobachte, gleichzeitig aber auch auf meinen Bauch höre, der mir sagt: mach mehr, mach weniger! Ich höre auch auf dieses Gefühl.

Wenn zwei mögliche Entscheidungen zur Auswahl stehen, empfehle ich, auf den Bauch zu hören und diesen Weg mit zwei oder drei fundamentalen rationalen Fragen abzusichern, beispielsweise: Was ist das „worst case scenario", sollte es daneben gehen? Mit dieser Vorgehensweise bleibe ich immer noch auf der sicheren Seite. Stehe ich vor einer Schneewechte und frage mich, ob sie halten wird oder nicht, und mein Bauch feuert mich an, dann muss ich dennoch nicht russisches Roulette spielen. Sicherheit ist mir wichtig. Doch gleich wichtig ist mir auch zu betonen: Ich treffe Entscheidungen und stehe zu diesen.

GLAUBE UND WILLE

„Mit der nötigen Leidenschaft, dem unbedingten Willen und dem Glauben an den Erfolg ist es möglich, die Weltklasse zu erreichen", sagte einmal der kenianische Wunderläufer Paul Tergat, der erste Mann, der die Marathondistanz im Jahr 2003 unter 2:05 Stunden bewältigen konnte. Dass Leidenschaft gegeben sein muss, um Ziele anzustreben, ist klar. Doch wie oft geraten Wille und Glaube aneinander? Dabei ist doch augenscheinlich, dass das eine ohne dem anderen kaum etwas bewerkstelligen kann.

Glaubenssätze könnten lauten:

- Ich glaube an mich.
- Ich glaube an andere.
- Ich glaube an meine Fähigkeiten.
- Ich glaube an meine Ziele.
- Und ich vertraue meinem Material.

Und dennoch weiß ich, dass letztlich der Wille, das Wollen, etwas zu erreichen, vorhanden sein muss, um meinen Glauben auch mit Inhalten zu beseelen.

Ich glaube schon, dass es geht, aber will ich das überhaupt?! In diesem Satz wird die Diskrepanz zwischen Glaube und Wille mehr als deutlich. Denken Sie nach. Wie oft sind Sie vor Entscheidungen gestanden, die beeinträchtigt – und letztlich vielleicht gar nicht getroffen – wurden aufgrund der Tatsache, dass Sie es einfach nicht wollten? Dabei ist es nebensächlich, ob die Logik oder der Bauch Ihr Einflüsterer war. Wichtig ist in diesem

Zusammenhang lediglich die Frage: Was ist wichtig? Was ist wirklich wichtig?

Selbstverständlich geht es auch umgekehrt. Wenn der Wille Ihnen sagt: „Ich täte ja so gerne…" antwortet eventuell der Glaube: „…aber ich glaube nicht, dass ich es schaffe."

TIPP:

LEBEN SIE IN HARMONIE MIT SICH SELBST! NEHMEN SIE SICH ZIELE VOR, DIE REALISIERBAR SIND, UND ZU DENEN GLAUBE WIE WILLE SAGEN: JA, WILL ICH! SAGEN SIE SICH: ICH WILL! STATT: ICH MUSS.

Der Slogan des „Race Across America" lautet: „The World's toughest Bicycle Race" und die Organisatoren sagen gerne, dass das RAAM härter als das Leben selbst sei. Und wenn man einmal ins Ziel gekommen ist, dann ist man wirklich für alles im Leben gestählt. Das sind selbstverständlich zu hinterfragende Sätze. Das „Race Across America" mag für viele Bereiche wappnen, aber längst nicht für alle. Mehr noch. Das Leben soll ja nicht hart wie ein Radrennen quer durch Amerika sein, sondern schön und toll und angenehm! Es ist vielfältig wie nichts anderes und sicherlich interessanter, als acht, neun Tage und Nächte auf einem Sattel zu sitzen. Das Leben stellt uns vor andere Herausforderungen, und der oben beschriebene Satz wird relativiert. Das RAAM prägt für andere sportliche Herausforderungen – ein 24-Stunden-Rennen ist vergleichsweise ein Sprint – und sicherlich für gewisse Bereiche des Lebens, in denen es auf Ausdauer und Stehvermögen und Leidensfähigkeit ankommt – aber fürwahr nicht für alle.

Das Leben ist keine Buchhaltung, in der Soll und Haben, Geben und Nehmen gleich sein muss. Wenn dies das Ziel Ihres Lebens ist – hat Sie Ihr Bauchgefühl schon mal gefragt, was das für ein Leben sein soll?

NEIN SAGEN

Stellen Sie sich vor, dass ein Arbeitskollege in Ihr Büro kommt und viele kleine Äffchen auf seinen Schultern, auf dem Kopf, auf den Armen und auf den Händen trägt. Jedes Äffchen steht für ein Projekt, oder eine Aufgabe, die Ihr Kollege zu erledigen hat. Nun beginnt er, mit Ihnen zu verhandeln, ob Sie denn nicht dieses oder jenes für ihn erledigen könnten.

Doch Sie selbst sind ja in einer ähnlichen Situation, haben auch genügend Äffchen auf und um sich herumtanzend. Unterstützen Sie nun Ihren Kollegen, wandern ein oder mehrere Tierchen von ihm zu Ihnen. Seine Arbeitslast wird weniger, Ihre erhöht sich.

Gerade im Berufsleben ist es allerdings verpönt, nein zu sagen. Nein – das klingt negativ, das bringt Minuspunkte, dann sind Sie nicht mehr der Kumpel, mit dem man auf ein Bier gehen will, geschweige denn Pferde stehlen. Doch jeder von uns hat nur eine gewisse Quantität an Energie, und für jeden von uns hat der Tag gleich viel Stunden. Wollen Sie beliebt sein, dann sagen Sie doch: ja! Dann haben Sie die Arbeit, während Ihr Kollege schon den Feierabend genießt.

Nein sagen muss gelernt sein. Sagen Sie „Nein" und sagen Sie auch warum! Drücken Sie nicht um den heißen Brei herum und tischen Ihrem Kollegen zwei, drei Ausreden auf! Sagen Sie ganz einfach die Wahrheit: Ich habe selbst genug zu tun. Ich gehe heute Abend mit meiner Frau essen. Ich habe schon etwas anderes geplant.

Die Geschichte mit den Äffchen könnte auch – mit einem augenzwinkernden Grinsen – weitergehen. Sie könnten entdecken, ob auch Ihr Arbeitskollege „nein" sagen kann. Nachdem Sie nämlich sein Anliegen abgelehnt haben, fragen Sie einfach: „Aber gut, dass Du da bist. Könntest Du mir bei dieser oder jener Arbeit weiterhelfen?" Und vielleicht wandert ein Äffchen von Ihrem Schreibtisch auf seine Schultern und bei der Tür hinaus.

TIPP:

SETZEN SIE DIE PRIORITÄTEN IN IHREM LEBEN UND STEHEN SIE ZU DIESEN!

Nein sagen kann auch als Selbstschutz dienen, wobei „nein sagen" nicht aus reiner Bequemlichkeit erfolgen darf. Doch wenn der Respekt vor einer Aufgabe immer größer wird, und dadurch Unsicherheit entsteht, dann kann das „Nein" als Codewort zum Selbstschutz, zur Erhaltung der Lebensqualität dienen.

Ich war einmal mit einem Bergkameraden auf einem Berggrat in den Alpen Richtung Gipfel unterwegs. Es war im Frühjahr, und es lag noch viel Schnee. Nachdem wir ungesichert, aber unproblematisch in einem steilen Gelände nach oben gestiegen waren, hatten wir 150 m unterhalb des Gipfels eine stark ausgesetzte Querung zu bewältigen, die aus einer Eis-Felsen-Kombination bestand. Links und rechts ging es in die Tiefe.

Ich war und bin überzeugt davon, dass es mein Kamerad geschafft hätte – doch ich war mir unsicher. Ich wusste, dass der Rückweg extrem weit wäre und dass er in einem rutschigen Schnee alles andere als angenehm werden würde. Doch ich hatte das Gefühl, nicht der Situation angemessen ausgerüstet und ihr somit gewachsen zu sein. Wir hatten weder ein Seil noch anderes Equipment mit uns. Ich sagte „nein“ und war dankbar, dass mein Begleiter mich nicht zu überreden oder zu überzeugen versuchte, es doch zu probieren. Wenn ich heute darüber spreche, erzähle ich diese Geschichte und stehe überzeugt zu ihr (sonst würde ich sie auch nicht in dieses Buch schreiben): „Ich war dort unterwegs und war mir unsicher. Es war ein Zeichen, umzukehren.“ Niemand hat mir geantwortet: „Du Feigling.“

Doch was, wenn wir zu fünft dort oben stehen und Gruppenzwang entsteht? Wenn darauf verwiesen wird, dass der Rückweg nicht nur lang, sondern auch gefährlich sein wird? Was, wenn Sie auf Ihrem Arbeitsplatz dem Chef „nein“ sagen müssen? Riskieren Sie dann Ihren nächsten Karrieresprung? Stehen Sie dann für immer als unkollegial da?

Der Ton macht noch immer die Musik. Lernen Sie, freundlich aber bestimmt „nein“ zu sagen und argumentieren Sie Ihre Absage!

NETTE GESTEN, KLEINE GESCHENKE

Einmal war ich mit dem Fahrrad bei mir in Oberösterreich unterwegs. Schon von der Ferne sah ich den Zebrastreifen und ältere Herrschaften, die über die Straße wollten. Doch ich sah auch die Autos, die vorbeibrausten und deren Fahrer offenbar nicht daran dachten, für das Paar abzubremsen und stehen zu bleiben. Als ich mich genähert hatte, hielt ich an, gab ein Handzeichen und winkte Oma und Opa über die Straße. Das Duo setzte sich in Bewegung, doch mitten auf dem Zebrastreifen bleiben beide stehen. Der Mann sah mich an, lächelte und sagte: „Vielen Dank! Mit dieser Freundlichkeit hätte ich jetzt nicht gerechnet." Dann gingen sie weiter. Nun war ich jener, der perplex war. Ich habe lange Zeit auf dem Rad über diese Episode nachgedacht und erzähle sie auch in fast jedem Vortrag: Nette Gesten mit echter Wirkung kommen zurück. Zumindest als nette Gesten mit echter Wirkung. Die kurze Konversation mit dem älteren Paar hat auch mir sehr gutgetan!

„SUCHE NICHT DIE GROSSEN WORTE, EINE KLEINE GESTE GENÜGT."

PHIL BOSMANS,

BELGISCHER ORDENSPRIESTER

Allerdings, mit kleinen Geschenken hat es so seinen Haken. Wenn Sie Ihrer Partnerin ein einziges Mal in fünf Jahren Blumen mit nach Hause bringen, und es auch wirklich gut meinen, hat dies wohl eher eine andere Wirkung als erhofft. Ihre Partnerin wird sich wohl denken: „Was geht jetzt gerade vor? Was will er jetzt von mir? Was hat er zu beichten?" Und wenn die kleinen Geschenke zur Routine werden, wenn die Rosen ohnehin in der gleichen Zusammenstellung – fünf rote, drei rosa, drei gelbe – am immer denselben Tag zur Gewohnheit werden, dann verlieren diese Aufmerksamkeiten an Wert: weil es keine mehr sind, weil sie zu Automatismen verkommen. Da ist es viel wichtiger, Ihren Partner oder Ihre Partnerin ob der neuen Frisur zu loben, oder ihre Kinder, wenn diese mit einer neuen Zeichnung aus der Schule heimkehren – dies sind jene Momente, die nach Aufmerksamkeit und netten Gesten schreien!

In der Partnerschaft geht es um Präsente, geht es darum, mit Kleinigkeiten Freude zu bereiten. Der materielle Wert des Geschenks steht dabei im Hintergrund. Kreativität ist also gefordert, genauso, wie Kreativität in der Berufswelt gefordert ist, wenn der Vorgesetzte seinen Mitarbeitern deutlich machen will: „Ich habe an euch gedacht." Nicht nur im Privatleben, auch am Arbeitsplatz ist es wichtig, positive Gefühle zu vermitteln und loben zu können.

Wenn Sie ein erfolgreicher Verkäufer sind, wissen Sie, dass ein nicht ausgesprochener Vorteil für den Kunden kein Vorteil ist. Sie werden Ihrem potenziellen Interessenten schon klar machen, welche Vorteile er alle hat. Genauso verhält es sich auch mit Lob: es muss gesagt werden. Wird es nicht kommuniziert, ist es nicht vermittelt! Leider gibt es in den meisten größeren und kleineren Unternehmen Lob und Wertschätzung nur zu besonderen Anlässen – der Weihnachtsfeier beispielsweise, oder bei einem Jubiläum. Was für eine unnötige Zurückhaltung.
Von den kleinen Geschenken hin zur Hilfsbereitschaft ist es

nur ein kleiner Sprung. Wenn Sie Dinge im Haushalt oder im Garten erledigen, die Sie vielleicht nicht so gerne machen, wird dies von Ihrem Partner wohlwollend wahrgenommen. Wenn ich am Berg für andere da bin, ihnen beim Zeltaufbau helfe oder am Denali/Mt. McKinley meine Trinkflasche an spanische Bergsteiger weitergebe, dann verlangt diese Geste der Hilfsbereitschaft nach keiner Gegenleistung. Die Frage, was ich Ihnen abnehmen kann, was ich für Sie tun kann, ist keine Geschäftsanbahnung. Sie können – zumindest aktuell – nämlich nichts für mich machen.

Die spanischen Alpinisten haben sich dann mit einer sehr schönen Geste bedankt. Nach der Rückkehr vom Mt. McKinley haben sie meinen Freund Günter und mich im Basislager in ihr Zelt eingeladen, auf ein selbst zubereitetes Essen!

Ein Programm von mir nennt sich „Wolfgang-Fasching-Grüß-Gott-Projekt" (W.F.G.G.P. – das klingt doch cool, oder?). Entstanden ist diese Idee, als ich eines Tages im Laufschritt unterwegs war. Ich war gerade in den für denselben Abend anstehenden Vortrag vertieft und passierte – ohne zu grüßen – zwei ältere Damen. Als ich schon fast an ihnen vorbei war, hörte ich noch, wie die eine zur anderen sagte: „Die jungen Menschen von heute: grüßen können die auch nicht mehr!"

Die Worte der Damen machten mich nachdenklich und hatten Wirkung. Wie oft begegnen wir jemandem (z.B. im Supermarkt, im Restaurant, beim Spazierengehen), die Blicke treffen sich, doch keiner sagt ein Wort zum anderen. Viele von uns, und da nehme ich mich auch nicht aus, grüßen jedenfalls nicht, um nicht eine Kontaktaufnahme zu fördern. Der oben beschriebene „Zwischenfall" war jedenfalls ein Anlassfall für mich. Ab diesem Zeitpunkt habe ich mich dazu entschlossen, meinen Mitmenschen bewusster freundlich und offen gegenüberzutreten.

Als ich noch klein war, habe ich gelernt, dass der Jüngere zuerst den Älteren grüßen muss. Dumm also, wenn man einer anderen Person begegnet, die ungefähr gleich alt ist. Ist diese nun zwei Monate älter oder jünger? Sollen Sie zuerst grüßen oder darauf warten, gegrüßt zu werden? Ich, für mich persönlich, habe die Lösung gefunden. Auf meiner Laufrunde beispielsweise begegne ich zumeist zehn bis 15 Personen, wenn überhaupt. Und ich grüße alle, die mir begegnen oder die ich überhole. Ich fange einfach damit an und warte nicht, bis der andere etwas sagt! Und siehe da: Die allermeisten grüßen auch zurück. Letzthin hörte ich den Satz: „Der grüßt immer so freundlich", und wusste, mit wenig Aufwand eine Bewusstseinsbildung bewirkt zu haben. Es sind die kleinen Dinge, die die Welt ein Stückchen freundlicher und besser machen.

Auch Sie werden diese Erfahrungen bereits gemacht haben, doch es ist gut, sie sich deutlich vor Augen zu führen. Es verhält sich bei vielen Dingen im Leben auch so: Wenn Sie immer darauf warten, dass die anderen beginnen, dann kann es mitunter lange dauern, bis sich etwas verändert.

TIPP:

MACHEN SIE EINFACH DEN ERSTEN SCHRITT – DANN IST DIE CHANCE VIEL GRÖSSER, DASS IHR UMFELD IHREM BEISPIEL FOLGT! UND DIES ERZEUGT EINE POSITIVE ZWISCHENMENSCHLICHE STIMMUNG.

Nette Gesten machen nicht nur anderen Freude, sie kommen auch zurück. Weiters dürfen wir nicht vergessen: Wenn wir freundlich sind, wenn Sie beispielsweise Ihre Mitarbeiter nach einem anstrengenden Meeting auf einen Drink einladen, ist die gesamte Gruppe zufriedener und glücklicher. Erfolgreiche Menschen sind auch freundliche Menschen.

Es darf allerdings nicht zu Ihrer Strategie werden, mit netten Gesten nette Gesten zu erwarten. Wenn auch das Streben nach Lob und Anerkennung eines der Grundbedürfnisse des Menschen ist, so muss doch aufrichtig dafür gearbeitet werden, und nicht taktisch. Wenn Sie dem Angestellten im Supermarkt danken, wenn Sie Wanderern einen guten Tag wünschen – dann sollte diese Freundlichkeit Ihrem Innersten entspringen und nicht einstudiert sein. Verändern Sie sich, und Ihr Umfeld, und in weiterer Folge die Welt, wird sich verändern. Ihre ehrliche Freundlichkeit könnte somit globale Auswirkungen haben.

Paul Deighton, CEO des Milliardenunternehmens „Olympische Spiele 2012" in London sagte, dass er Tag für Tag angetrieben werde vom Gedanken, alle Menschen, denen er begegnet, gleich zu behandeln – egal, ob es der Präsident der USA sei, oder der Verkäufer im Mischkostladen nebenan, oder der Busfahrer im Olympischen Park. Deighton spielt in der absoluten Top-Liga der globalen Wirtschaft, und ich bin begeistert, dass Kapazitäten wie er sich so artikulieren. Seine Aussagen decken sich mit meiner Sichtweise. Alle Menschen gleich zu behandeln bedeutet, jedem Menschen den gleichen Wert beizumessen. Die berufliche Position ergibt die

Hierarchie in der Gesellschaft – der Wert bleibt indes derselbe. Mit Sätzen wie „Diese Person ist wichtig, und diese noch wichtiger und diese am wichtigsten" kann ich wenig anfangen. Jeder Mensch ist in seiner Position so wichtig wie kein anderer, und jeder Mensch ist wertvoll, weil er als Unikat auf dieser Welt existiert – ganz egal, wie erfolgreich er im Berufsleben ist, ganz egal, welche Gipfel er bestiegen hat, ganz egal, ob er zu den Erfolgreichen oder den nicht ganz so Erfolgreichen gehört.

TIPP:

WENN SIE ES NICHT SCHON GETAN HABEN, BEGINNEN SIE JETZT! BEHANDELN SIE ALLE MENSCHEN IN IHRER UMGEBUNG GLEICH!

Zuweilen höre ich, dass man Menschen so behandeln soll, wie man selbst gerne behandelt werden würde. Da mag etwas Wahres daran sein. Doch besser gefällt mir ein anderer Satz: Behandle Menschen so, wie sie gerne behandelt werden möchten! Dieser Ansatz macht den richtigen Umgang nicht leichter. Sie wissen ja, wie Sie selbst behandelt werden wollen, aber lässt dies Rückschlüsse auf andere zu? Wichtig ist es somit, eine richtige Kommunikationsschiene mit der Außenwelt aufzubauen.

LIEBE DEINE ZIELE!

Einige wichtige Gedanken vorab!

- Finden Sie Ihre Ziele, erfinden Sie sie nicht!
- Doch haben Sie Ziele – nur dann können Sie diese auch erreichen.
- Setzen Sie sich herausfordernde Ziele, gleichzeitig aber auch realistische. Diese beiden Faktoren – die Herausforderung und das Erreichbare – machen das Erfolgserlebnis aus.
- Doch ganz entscheidend ist: Seien Sie von Ihren Zielen überzeugt und glauben Sie dauerhaft daran!

„WER ALL SEINE ZIELE ERREICHT HAT, HAT SIE SICH ALS ZU NIEDRIG AUSGEWÄHLT."

HERBERT VON KARAJAN

Von einem bekannten Unternehmen stammt der Werbeslogan: „Was wären die großen Erfolge ohne die kleinen." Ich weiß nicht, ob ich meine Botschaft auch so formulieren würde, aber im Kern kann ich mich damit identifizieren. Ziele zu erreichen, heißt, Erfolge zu feiern. Doch wenn ich auf dem Weg zum Ziel, zum Resultat, nicht durch viele kleine Befriedigungen aufgebaut und motiviert werde, erscheint das Finale in weiter, unerreichbarer Ferne.

Ziele lieben heißt somit zuallererst, die Wege zu lieben, die zu diesen Zielen führen. Und dies heißt wiederum, in dem aufzugehen, was man macht. Das wird nicht immer besonders attraktiv sein. Als ich den radsportlichen Rekordversuch quer durch Australien – von Perth nach Sydney über rund 4200 km – bestritt, musste ich durch die Nullarbor-Wüste fahren, in der es mit 478 km die längste Gerade der Welt gibt. Es gibt keinen einzigen Baum, keinen Strauch, es geht absolut flach dahin, es gibt keine Steigungen, kein Gefälle, Kurven schon gar nicht. Nun wollte ein begleitender Journalist in einem Interview von mir hören, wie langweilig und schrecklich und überhaupt das sei. Ich konnte mit dieser Frage allerdings wenig anfangen, weil meine Denkweise eine ganz andere war (und ist). Ich wollte diesen Wettbewerb bestreiten, den Rekord unterbieten, und hatte mir für diesen Streckenteil mein eigenes Credo zurechtgelegt: Besser, dass es flach dahingeht als bergauf, ich werde die Gerade einfach abfahren, Kilometer für Kilometer, und alle 10 Kilometer sehe ich für mich ein Teilziel erreicht. Ich formulierte etwas „Schreckliches" für mich positiv um. Auf diesen Umbewertungen (auch Reframing genannt) basieren die Techniken des Neurolinguistischen Programmierens, kurz NLP. Der Ausgangspunkt von NLP ist, dass der Mensch anhand von Reiz-Reaktions-Ketten funktioniert; diese können neu gestaltet werden. Das eigene Verhalten soll durch Analyse des alten Verhaltens und des „Programmierens" von neuen Reaktionen geändert werden – Ziel ist eine „erfolgsorientierte Kommunikation".

Jeder von uns steckt im Laufe seines Lebens in diversen Entwicklungsstadien. Doch gerade wenn Sie, ja Sie, ein und denselben Beruf 20 bis 40 Jahre lang ausüben, dann wäre es schon gut, wenn Sie ihn auch gerne ausüben, oder etwa nicht? Es ist wichtig, im Berufsalltag Ziele zu haben – und wie gesagt, es müssen nicht gleich die ganz großen sein.

In meinem Leben habe ich mir meine Ziele meistens selbst gesteckt. Deswegen habe ich auch eine bewegte berufliche Laufbahn hinter mir. Doch wann immer ich eine Herausforderung gegen eine andere getauscht habe, war Emotion im Spiel – ich war gerne im Einzelhandel tätig, oder als Radsportler. Aber ich war auch immer offen für Neues.

Das „Seven Summits"-Projekt war wohl überlegt und geplant und ist Freude und Leidenschaft geworden. Noch während meiner Karriere als Extrem-Radsportler habe ich den Mount Everest bestiegen. Jahre später haben mich die Berge immer mehr fasziniert, und die sieben höchsten Gipfel der sieben Kontinente wurden ein emotionales Unternehmen. Es war der Reiz des Ziels. Auch dann, als ich beim ersten Versuch, den Kilimandscharo zu besteigen, erkrankt umkehren musste. Auch dann, als die Besteigung der Carstensz-Pyramide so rasch vonstattenging, dass ich den Moment der Erfüllung meines Ziels gar nicht so richtig genießen konnte.

Planen Sie ein, dass es Rückschläge auf dem Weg zu Ihrem Ziel geben kann, befassen Sie sich aber nicht mit diesen – sie werden nämlich ganz von alleine kommen. Aufgrund der Tatsache, dass sie Rückschläge miteinkalkulieren, können Sie dann mit diesen leichter und besser umgehen, wenn die Hindernisse auftreten. Doch Rückschläge lehren uns allen besonders eines: Respekt. Es ist dies ein Kraftwort in meinem Leben, es macht mich vorsichtig und demütig. Ganz egal, wie einfach die Aufgabe auch aussehen mag: unterbewertet darf sie auf keinen Fall werden. Der Kilimandscharo ist der, wenn man so will, leichteste Berg der „Seven Summits". Warum scheitern dann jährlich sehr viele Bergsteiger an ihm, und warum erreichte auch der russische Oligarch Roman Abramowitsch (mit wohl aller vorstellbaren Unterstützung) 2009 den Gipfel nicht? Weil sie alle höhenkrank werden? Auch, aber nicht prinzipiell daran. Ungenügende Vorbereitung, zu kurze Akklimatisierungszeiten, „ich geh da mal schnell rauf"-Mentalität – all dies lässt sich in zwei Worte zusammenfassen: fehlender Respekt. Doch von der Bergsteigergruppe, die ich im Januar 2013 auf den Gipfel begleitete, sagte nach der Rückkehr ins Basislager niemand: „Es war leicht." Der Kilimandscharo gehört respektiert!

Wenn Sie Ziele erreichen wollen, dann dürfen Sie sich nicht gleich von kleineren oder größeren Problemen geschlagen geben. Als ich beim „Race Across America" einmal von Sonnenstich und Fieber geplagt wurde, und mir der Rennarzt in Aussicht gestellt hatte, dass er mich aus dem Wettbewerb nehmen würde und ich aufgeben müsste, begann eine Art Selbstheilungsprozess, hervorgerufen durch das Wort „aufgeben". Ein paar Stunden später fühlte ich mich besser, und ich begann, Zeit gut zu machen. Bei einer anderen Auflage der Amerika-Durchquerung, die „kurz", also knapp 200 km vor dem Ziel mit einem Schlüsselbeinbruch endete, war ich es, der meine geschockte Mannschaft motivierte: „Wollt ihr hier anwachsen?"

Ohne hier zum Moralapostel werden zu wollen: Zwischenmenschlichkeit darf uns nicht abhandenkommen. Zuweilen verlangen nämlich äußere Umstände, dass das Ziel an zweite Stelle rückt. Vor einer Gipfelbesteigung kommt immer noch ein anderer Bergsteiger, wenn dieser Unterstützung benötigt. Hilfe leisten steht an erster Stelle, der Gipfel an zweiter. Purer Egoismus hat am Berg nichts verloren, und ich war geschockt, als ich ein (einziges) Mal gehört habe: „Wir gehen noch schnell auf den Gipfel, dann helfen wir dir." Wenn Gefahr in Verzug ist, muss Hilfe angeboten werden, egal wem, egal wo, egal wann. Grundsätzlich stehen die Berge noch länger da. Und stehen geblieben bin ich mit meiner Mannschaft auch schon beim RAAM, um einen Konkurrenten nach einem schweren Sturz zu unterstützen. Der Gedanke, den Führenden einzuholen, ist in diesen Momenten ganz weit weg. Richtig – auch das „Race Across America" wird jährlich ausgetragen…

Ich weiß nicht wie Sie es handhaben, doch für mich war es zumeist unwichtig zu wissen, wo bei Radsport-Langstreckenrennen meine Konkurrenten unterwegs waren. Auf dem Weg zum Ziel ist es lediglich wichtig, zusammen mit dem Team, fokussiert unterwegs zu sein, und bei aller Einteilung der Kräfte so schnell zu agieren, wie man eben nur kann. Da lasse ich mich durch Gegner doch nicht irritieren! Bei allen RAAMs ließ ich mich erst ganz spät informieren, um zu erfahren, wie der Stand des Wettbewerbs sei. Mein Motto lautete und lautet: Je mehr Informationen ich besitze, umso mehr komme ich ins Nachdenken und Grübeln. Sind es noch 100 oder 120 Kilometer? Geht sich das noch aus? Wann kommt der richtige Moment zum Attackieren? Was kann mir sonst noch einfallen? Bei all diesen Fragen wandert der Fokus von mir auf andere.

Mir ist schon klar, dass es in der Arbeitswelt durchaus eine gewisse Marktbeobachtung braucht. Es ist wichtig zu wissen, was die Konkurrenz macht, welche Marketingstrategien sie fährt oder wie sie besser und billiger produzieren lässt. Doch auch hier gilt: Je mehr Sie sich auf andere konzentrieren, umso eher vernachlässigen Sie Ihre eigenen Qualitäten und Ihre eigenen Ziele. Letztlich halten Sie es mit Mark Twain, von dem der Spruch überliefert ist: „Kaum verloren wir das Ziel aus den Augen, verdoppelten wir unsere Anstrengungen." Sie finden sich auf dem Weg zum Ziel – zu welchem? Dem Ihren? Dem Ihres Mitbewerbers? – immer in der Verfolgerrolle, reagieren mehr als Sie agieren. Und wenn Sie es letztlich schaffen, sind Sie wahrscheinlich zweiter Sieger. Klar ist aber auch: Jedes Ziel, für dessen Erreichen Sie selber mitarbeiten können, hat bessere Möglichkeiten, tatsächlich realisiert zu werden, als jene Ziele, die sie vorgegeben erhalten oder Ihrem Team lediglich vorgeben.

„ZIELE ERREICHEN SIE, WENN SIE BEREIT SIND, IHRE KOMFORTZONE ZU VERLASSEN.
ZIELE ERREICHEN SIE NICHT, WENN SIE DARAN DENKEN, SIE NICHT ZU ERREICHEN: DENN BEACHTUNG BRINGT VERSTÄRKUNG.
ZIELE ERREICHEN SIE UNTER DEM MOTTO: HERAUSFORDERUNG JA, DAUERHAFTE ÜBERFORDERUNG NEIN."

WOLFGANG FASCHING

Bei einem Seminar mit Outdoor-Übungen ging es darum, einen acht Meter hohen Pfahl zu besteigen und letztlich mit beiden Beinen auf einer kleinen Plattform auf diesem zu stehen. Je höher man kam, umso mehr Punkte für die Mannschaftswertung erhielt man, und wer sich auf der Plattform noch einmal zur Hälfte um die eigene Achse drehte, erhielt Zusatzpunkte. Rund 25 Prozent aller Teilnehmer hatten sofort eine Ausrede: Ich habe Höhenangst, ich leide unter körperlichen Gebrechen. Aber zirka 20 Prozent aller Teilnehmer erreichten das Maximum der zu erreichenden Punkte.

Ausreden zeugen von einer mangelnden Bereitschaft, die eigene Komfortzone zu verlassen. Dabei geht es an dieser Stelle nicht darum, dass jeder alles erreichen kann und muss, sondern darum, einen Schritt weiter zu gehen als gewöhnlich und sich Neuem und Unbekanntem zu stellen. Dieser eine Schritt schmerzt mehr als all die Schritte innerhalb unserer Komfortzone, in der wir uns geborgen und wohlfühlen. Ich musste an meine Erfahrungen beim RAAM zurückdenken. Nach den ersten 500 km schmerzte bereits das Gesäß. Und das Rennen war noch weitere 4500 Kilometer lang… doch ich erreichte immer einen Podestplatz.

Anstelle nach Ausreden zu suchen, sollte der Satz zu Ihren Zielen lauten: Ich lasse den Tag auf mich zukommen und freue mich darauf, neue Erfahrungen zu sammeln. Und dann werden Sie den Pfahl selbstsicher und selbstbewusst und ganz normal besteigen und ihn nicht ins Wanken bringen, wenn Sie unsicher an diesem hochklettern.

Ausreden werden gerne verwendet, wenn andere Sie vom Weg abbringen, durch gut gemeinte Tipps, die Sie aber letztlich in Ihrem Business in eine Sackgasse führen und Geld kosten. Beim RAAM waren Roadbook und Orientierungshilfen ein wichtiges Thema. Einmal falsch abgebogen – oder nicht abgebogen –, und schon war ich fünf bis zehn Kilometer in der falschen Richtung unterwegs. Im Nachhinein wundere ich mich, dass ich meine Nerven dermaßen im Zaum hatte, um mit meinen Teamgefährten – die mich ja in die falsche Richtung geschickt hatten – zivilisiert kommunizieren zu können. Sie machen es ja nicht absichtlich, sagte ich mir, und wenn ich zu fluchen und schimpfen beginne, verunsichere ich sie noch viel mehr. Aber glauben Sie mir: Die Kilometer zurück auf die richtige Streckenführung sind mir nie leicht gefallen.

Doch letztlich stimmt: Was man gerne macht, macht man auch gut. Deswegen hinterfrage ich regelmäßig, ob ich meinen Beruf mit Überzeugung ausübe. Ist dies nämlich nicht mehr der Fall, dann ist es Zeit für eine Veränderung: entweder hin zu einer anderen Tätigkeit, oder dahingehend, dass ich meiner aktuellen Betätigung wieder mit mehr Leidenschaft nachgehe. Sie muss mir Freude bereiten, und deswegen sind mir Aussprüche wie „Zuerst die Arbeit, dann der Spaß" oder „Jetzt aber Schluss mit lustig, jetzt geht es wieder an die Arbeit" fremd.

Überprüfen Sie folgende Situation bei sich selbst. Nehmen wir an, Sie hätten im Lotto gewonnen und hätten es nicht mehr notwendig, zur Arbeit zu gehen. Mit Ihrem Gewinn haben Sie nämlich ausgesorgt, und Ihre Kinder auch schon. Werden Sie Ihrem Vorgesetzten sagen, dass Sie Ihren Arbeitsplatz kündigen? Oder werden Sie weiterhin Ihrer Tätigkeit nachgehen?
Im ersten Fall haben Sie einen Job, eine Arbeit, die Ihnen ermöglicht, Ihre Rechnungen zu zahlen. Im zweiten Fall gehen Sie einer Berufung nach, machen Ihren Beruf aus Liebe und Leidenschaft heraus. Dann gehören Sie zu lediglich einem Viertel aller Berufstätigen in Österreich und Deutschland, die mit ihrer beruflichen Situation zufrieden sind und genau dasselbe nochmals machen würden, wenn sie „von vorne" anfangen könnten.

IN ENERGIE INVESTIEREN, ENERGIE ZURÜCKERHALTEN

Nette Gesten, kleine Geschenke verteilen, Ziele lieben – all dies kostet Energie.

Energie (von griech. energon, „innen wirken") ist eine fundamentale physikalische Größe, die in allen Teilgebieten der Physik sowie in der Technik, der Chemie, der Biologie und der Wirtschaft eine zentrale Rolle spielt. Die Gesamtenergie eines abgeschlossenen Systems kann weder vermehrt noch vermindert werden. Als erster hat der Arzt Julius Robert von Mayer (1814-1878) den Energieerhaltungssatz formuliert. Er hat 1842 durch Versuche nachgewiesen, dass sich Bewegungsenergie vollständig in Wärme umwandeln lässt.

Wenn Sie einen Kachelofen heizen, wandelt Feuer chemische Energie in Wärme um. Wenn Sie einen Fahrraddynamo verwenden, wird mechanische Energie in elektrische umgewandelt. Wenn Sie Gewichte stemmen, setzen Sie Energie ein, um noch stärker zu werden und das nächste Mal noch mehr Gewichte stemmen zu können. Wenn Sie im emotionalen Bereich Energie aufwenden für eine glückliche Zeit mit Ihrem Partner, dann erhalten Sie positive Emotionen, für die Ihr Freund, Ihre Freundin Energie aufwendet, zurück.

„MEINER IDEE NACH IST ENERGIE DIE ERSTE UND EINZIGE TUGEND DES MENSCHEN."

WILHELM VON HUMBOLDT

Wenn ich zurückdenke an meine erste Teilnahme am „Race Across America", dann denke ich daran, wie ehrgeizig ich war und wie hart ich trainierte; wie sehr ich mich bemühen musste, um Sponsoren und Förderer für mein Projekt zu finden; wie viel Energien ich aufwenden musste, um in Kalifornien überhaupt an den Start gehen zu können. Im Nachhinein hat sich jede Trainingsminute im Sattel, jeder gefahrene Kilometer zu Sponsorengesprächen gelohnt.

Resultate entstehen durch eingesetzte Energie, die zurückkommt. Energie einsetzen heißt nicht nur, Geld zu investieren, oder Zeit. Energie einsetzen heißt auch – und heute wohl mehr denn je – emotional einem Ziel entgegenzustreben.

Niemand, auch ich nicht, sagt, dass es leicht ist. Und ich verschone Sie hier mit Ausführungen zum altbekannten Satz, dass „Erfolg" nur im Wörterbuch vor „Schweiß" kommt.

Gedanken bestehen aus Wörtern und Bildern, die das Verhalten und die Gefühle beeinflussen. Erarbeiten Sie sich einen Wortschatz, der in Ihr tägliches Leben einfließt! Finden Sie Ihre Begriffe, Eigenschaften, Erklärungen. Und es dürfen auch gerne mehrere Wörter pro Buchstabe sein!

Wodurch gewinne ich Energie und Kraft?

E
N
E
R
G
I
E

ERFOLGREICH DENKEN, ERFOLGREICH HANDELN

ERFOLG – SUBJEKTIV UND OBJEKTIV

Der Begriff Erfolg bezeichnet das Erreichen von gesteckten Zielen. Das gilt sowohl für einzelne Menschen als auch für Organisationen. Bei Zielen kann es sich um eher sachliche Ziele wie zum Beispiel Einkommen oder um emotionale Ziele wie zum Beispiel Anerkennung handeln. Soweit eine Definition aus dem Internet, und selbstverständlich ist klar, dass jeder erfolgreich sein möchte.

Das Streben nach Erfolg liegt in der Natur des Menschen, dies ist ein Grundbedürfnis des Menschen. Höchst selten geht es dabei um den Gewinn von großen sportlichen Wettkämpfen, ist es doch nur einem Bruchteil der Weltbevölkerung vorbehalten, als Aktive an Olympischen Spielen oder Fußball-Weltmeisterschaften teilzunehmen. Viele von uns messen sich aber sportlich gerne mit unseren Nachbarn, bei Jedermann-Läufen oder Radmarathons. Doch Erfolge werden abseits des Sports noch viel mehr angestrebt und gefeiert. Die Größe mag nicht entscheidend sein. Ob Sie nun Ihr angestrebtes Tagwerk wie geplant vollbracht haben, oder ob Ihr Unternehmen nach monatelangen Bemühungen einen neuen Großkunden gewonnen oder einen lukrativen Großauftrag an Land gezogen hat – Erfolg ist Erfolg.

Doch das Wort „Erfolg" wird sehr schnell auch mit negativen Begriffen assoziiert, und je größer eine Neidgesellschaft ist, umso misstrauischer wird auf Erfolge und Erfolgreiche geblickt. Es wird von Geiz und Gier und Ellbogentechnik, von harter Arbeit und Stress und Burn-out gesprochen.

Worte von Neidern? Vielleicht auch, aber sicher nicht nur. Es gibt in der Tat sehr viele Menschen, die materiell erfolgreich sind, aber deswegen nicht glücklicher in ihrem Leben. Und dies bedeutet, dass etwas falsch läuft, dass ihr Erfolg keinen persönlichen tieferen Sinn hat. Und der Sinn des Erfolgs kommt immer nur aus den eigenen Werten.

Weswegen wir an dieser Stelle zwischen Objektivität und Subjektivität im Erfolg unterscheiden müssen.

Nehmen wir an, Sie sind ein passionierter Hobbyläufer und möchten beim nächsten Marathon unter die ersten 100 kommen und einen persönlichen Rekord aufstellen. Mehrmals betonen Sie, dass Ihnen Ihre Zeit wichtiger ist als das Ergebnis, da man ja nicht wisse, wie viele Läufer überhaupt teilnehmen würden, und wie stark diese seien. Doch beim Rennen selbst belegen Sie einen sehr guten zweistelligen Platz, bleiben aber mit Ihrer Zeit über den selbst gesteckten Erwartungen.

Von außen betrachtet haben Sie eine gute Performance hingelegt und diese mit einer Spitzenplatzierung eines großen Feldes unterstrichen. Subjektiv werden Sie wahrscheinlich nicht ganz zufrieden sein, weil Sie Ihr eigentliches Ziel – einen neuen persönlichen Rekord – verfehlt haben.

Das, was die Allgemeinheit als Ziel ausgibt, und das erreichte Ziel als Erfolg sieht, muss nicht immer von der betroffenen Person selbst als Erfolg angesehen werden. Außen- und Innendarstellung sind zwei verschiedene Paar Schuhe, und hinzu kommt noch: So unterschiedlich jeder von uns denkt, so unterschiedlich definieren wir den Erfolg. Von Tiger Woods, einem der weltbesten Golfer aller Zeiten, stammt der Satz: „Ich messe meinen Erfolg nicht an meinen Siegen, sondern daran, ob ich jeden Tag besser werde." Und Fußball-Super-Weltstar Lionel Messi sagte: „Ich mache mir mehr Gedanken darüber, ein guter Mensch zu sein, als darüber, der beste Fußballer der Welt."

TIPP: *DER ALLTAG ENTSCHEIDET ÜBER ERFOLG UND MISSERFOLG: WER LIEST, WIRD KLÜGER, WER TRAINIERT, WIRD FÄHIGER, WER ANWENDET, WIRD ERFOLGREICHER!*

Wenn Sie die Tageszeitung aufschlagen, im Internet surfen, Promi-Sendungen im Fernsehen verfolgen, dann werden Sie Tag für Tag mit einer Reihe von mehr oder weniger prominenten und mehr oder weniger erfolgreichen Menschen konfrontiert. Aber Sie müssen nicht bis nach Hollywood blicken – es reicht, wenn Sie sich in Ihrem eigenen Häuserblock umsehen, um zu erkennen, dass erfolgreiche Menschen in den meisten Fällen auch bescheidene Menschen sind, die bodenständig geblieben sind und die dankbar dafür sind, was sie erreicht haben. B-, C- und Z-Promis werden uns andauernd vor die Nase gehalten und erscheinen wichtiger und erfolgreicher, als sie eigentlich sind. Tatsächlich Erfolgreiche, wie beispielsweise Red Bull-Chef Dietrich Mateschitz oder die Familie Glock, agieren im Hintergrund. Von ihren Wohltätigkeitsaktionen sind die wenigsten bekannt.

Wer glaubt, erfolgreich zu sein, glaubt oft auch, dies seiner Umwelt vor Augen führen zu müssen. Ein beruflicher Aufstieg wird mit einem neuen Auto gefeiert, ein wichtiger Geschäftsabschluss mit einer Party für 100 Personen. Wer fühlt, erfolgreich zu sein, fühlt in seinem Unterbewussten, dass dies seine Umwelt aufgrund seiner positiven Ausstrahlung im Umgang mit Mitmenschen, seiner Freude an den kleinen Dingen des Lebens, seiner glücksbetonten Aura ohnehin erfahren wird.

War Vincent van Gogh erfolgreich oder nicht?

Als im Frühjahr 1890 das Bild „Die roten Weingärten von Arles" verkauft wurde, hatte der niederländische Maler Vincent van Gogh noch einige Monate Leben vor sich, ehe er sich, gequält von emotionalen und finanziellen Sorgen, eine Pistolenkugel in die Brust jagte. Es handelt sich um den einzigen belegten Verkauf eines Bildes zu seinen Lebzeiten, das von der belgischen Malerin Anna Boch zum Preis von 400 Francs auf einer Ausstellung in Brüssel erworben wurde. Es wird allerdings schon davon ausgegangen, dass van Gogh noch ein paar Bilder mehr verkaufen konnte – rund zehn.

Doch was sind zehn verkaufte Bilder, wenn van Gogh nach aktuellen Aufzeichnungen 864 Gemälde und über tausend Zeichnungen geschaffen hat? Diese sind allesamt in den letzten zehn Jahren seines kurzen, 37-jährigen Lebens entstanden. Eigentlich wollte Vincent van Gogh Pastor werden, doch anstelle des Theologiestudiums begann er mit der Malerei.

Im Juli 1890 starb der Begründer der modernen Malerei verarmt in Nordfrankreich, rund hundert Jahre später erzielten seine Gemälde Höchstpreise bei den Auktionen. Denn kurz nach seinem Tod stiegen Ruhm, Verkaufszahlen und Preise. 1911 erwarb die Kunsthalle Bremen das „Mohnblumenfeld" für 30.000 Goldmark, 1929 zahlte die Berliner Nationalgalerie für ein van Gogh-Gemälde 240.000 Reichsmark. Rund 70 Jahre später war die „Iris im Garten", die bei Sotheby's in New York versteigert wurde, 53,9 Millionen US-Dollar wert und galt damals als das teuerste Gemälde der Welt. 1990 erzielte das „Porträt des Dr. Gachet" bei Christie's in New York 82,5 Millionen US-Dollar. Der Gesamtwert seiner Bilder mag bei rund einer Milliarde Euro liegen.

„ICH MACHE MIR IMMER WIEDER VORWÜRFE, DASS MEINE MALEREI NICHT WERT IST, WAS SIE KOSTET."

VINCENT VAN GOGH

War nun Vincent Willem van Gogh erfolgreich oder nicht? Ein von der Familie gebrandmarkter Versager zuerst, ein verkanntes Genie ist heute ein absoluter Gewinner. In der Kunstszene gehört van Gogh zu den bekanntesten und beliebtesten Künstlern, wie die Preise seiner Werke und die Besucherzahlen im Vincent van Gogh-Museum in Amsterdam oder bei diversen van Gogh-Ausstellungen weltweit belegen.

Es ist letztlich Ihre persönliche Definition von Erfolg, Ihre Sichtweise der Dinge, die van Gogh für Sie erfolgreich macht oder nicht. Dies hat zur Folge, dass – im Idealfall – immer Sie selbst bestimmen, was Erfolg ist. Sicher: Es gibt

Ihr Unternehmen, das gewisse zu erreichende Kennzahlen kommuniziert, die als „Erfolg" gesehen werden, oder es gibt Trainer, die Ihnen sagen, was „Erfolg" ist. Doch hauptsächlich ist Erfolg, die eigenen Möglichkeiten und Fähigkeiten zu bewerten, sich an diesen zu messen und das Bestmögliche aus sich herauszuholen. „Success is: the best you can do is always enough" las ich vor einiger Zeit auf einem Plakat. Das Beste, was Sie zustande bringen, ist immer gut genug – dann sind Sie erfolgreich. Dann brauchen Sie sich nicht mit anderen vergleichen. Wenn ein Sportler, der zwei Meter groß ist, im Hochsprung 2,20 m überquert, und ein anderer 1,50 m groß ist und 1,80 m schafft, dann steht im Wettkampf der Sieger fest. Doch welcher der beiden ist, relativ betrachtet, erfolgreicher?

Stellen Sie sich vor, dass Sie einen Marathonlauf bestreiten und diesen unter vier Stunden beenden wollen. Sie bereiten sich gut darauf vor, und Sie schaffen ihn in 3:57 Minuten – drei Minuten schneller als vorgenommen, und Sie fühlen sich SEHR erfolgreich.

Doch tags darauf erfahren Sie, dass auch Ihr Nachbar bei diesem Marathon dabei war und ihn in 3:55 Stunden bewältigt hat, also nochmals zwei Minuten schneller war als Sie. Sie haben nun zwei Alternativen. Sehr häufig passiert, dass sich Ihr Fokus auf ihn richtet, und Sie sich fragen: Warum war er schneller als ich, warum ist er besser? Sie sind frustriert und mit Ihrer eigenen Leistung nicht mehr so zufrieden. Sie entwerten Ihr hervorragendes Resultat, weil jemand anderer in Ihrem Umfeld – mit anderen Voraussetzungen, eventuell mehr Zeit zum Training usw. – besser war. Dabei sollten Sie sich weiterhin über Ihren Erfolg freuen, Ihrem Nachbarn gratulieren – und sich ein nächstes Ziel setzen: Das nächste Mal will ich schon schneller sein als er. Das darf und kann auch so sein, weil die „positive Neidmethode" motiviert und antreibt: Einer hat es geschafft, und auch ich will es erreichen.

Übrigens, der Nachbar hat auch die größere Wohnung, den größeren Garten, das schönere Auto und die bessere berufliche Position. Erfolgreiche Menschen sind jedoch keine neidvollen Menschen, auch, weil es immer einen Besseren geben wird! Sie vergleichen nicht, und wenn, dann immer nur mit Gleichen. Wenn sich Frauen mit jenen Zeitgenossinnen vergleichen, die auf den Titelseiten gewisser Hochglanz-Magazine abgebildet sind, dann denke ich mir immer: Diese Stars erkennen sich ja selbst nicht wieder. Die wurden stundenlang geschminkt und frisiert, und danach wurden die Bilder stundenlang technologisch bearbeitet – wer sich mit diesem Ergebnis vergleicht, ist immer der Verlierer.

Interessant finde ich in diesem Zusammenhang auch, dass erfolgreiche Menschen nicht immer Recht haben wollen. Hand aufs Herz – meistens ist es ja so, dass wir alle Recht haben wollen, dass sich die anderen unseren Meinungen anschließen. Denn wenn wir Recht haben, dann liegen wir richtig, dann sind wir erfolgreich. Doch erfolgreich sein heißt viel mehr, Ideen anderer zuzulassen, wertfrei andere Standpunkte zu erkennen und zu diskutieren, ohne diese sofort zu hinterfragen und abzuwerten. Jeder Idee sollte eine Chance gegeben werden – nicht umsonst heißt es ja im Volksmund, dass man „eine Nacht darüber schlafen" soll.

Meine persönliche Definition von Erfolg ist das Erreichen von gesteckten bzw. von persönlich gesteckten Zielen. Dabei gibt es lediglich eine Voraussetzung: Ziele erreichen Sie nur dann, wenn Sie welche haben.

Es geht bei mir, wie auch bei Ihnen, nicht immer gleich um die großen Erfolge. Diese sind meistens die Summe vieler kleiner erreichter Ziele. Als ich mich mit dem Projekt der „Seven Summits" beschäftigte, dachte ich auch nicht fortwährend an den Moment, an dem ich auf dem letzten Gipfel stehen würde. Ich trainierte für einen Berg nach dem anderen, setzte mich mit diesem auseinander, studierte ihn, las Bücher über ihn. Und freute mich nicht darüber, eine weitere Besteigung abhaken zu können, nach dem Motto „Check. Next", sondern genoss ganz bewusst jedes Gipfelerlebnis als persönlichen Erfolg, der Zufriedenheit und Wohlbefinden in mein Leben brachte. Alle „Seven Summits" bestiegen zu haben, war somit weit mehr als ein Projektabschluss und ein Erfolg, nämlich eine Aneinanderreihung von Erfolgserlebnissen! Alberto Tomba, der italienische Ski Alpin-Superstar der 1980er- und 1990er-Jahre, sagte einmal: „Ich konzentriere mich bei meinen Rennen immer nur auf die nächsten drei, vier Tore. Denn wenn ich vom Start weg nur an das Ziel denke, dann komme ich oft dort nicht an." Wahre Worte.

TIPP:

FEIERN SIE IHRE ERFOLGE, AKZEPTIEREN UND WERTSCHÄTZEN SIE DIESE.

Wenn Sie sich erfolgreich fühlen, dann sind Sie schon erfolgreich, oder Sie beginnen zumindest, erfolgreich zu sein. Doch oft passiert, dass wir auf andere schauen und es uns schwer fällt, diesen deren Erfolge zu vergönnen. Der erste Schritt zum Erfolg beginnt deswegen immer bei der Selbstkompetenz und der Selbstannahme. Stellen Sie sich vor den Spiegel und sagen Sie sich: „Hier siehst Du den Menschen, der für Dich und Dein Leben verantwortlich ist." Konzentrieren Sie sich auf Ihre eigene Persönlichkeit und machen Sie sich selbst zum besten Freund.

Genauso, wie es in der Natur des Menschen liegt, erfolgreich sein zu wollen, liegt es in der Natur des Menschen, Entschuldigungen und Ausreden zu finden, warum man es nicht ist. Die Kindheit bzw. die Erziehung wird oft herangezogen, warum man das eine oder andere nicht erreicht hat, und ein anderes Argument der Entschuldigung ist, dass man eben kein Talent hätte für gewisse Dinge. Doch die großen Sportler, ein Lionel Messi oder ein Fernando Alonso, die hätten eben das Talent in die Wiege gelegt bekommen.

Sehr beeindruckende Bilder, die ich in meinem Leben gesehen habe, waren jene von einem Tennisspieler, der, mit geschientem Bein, in einem Sessel auf einem Tennisplatz Bälle zurückgeschlagen hat, immer und immer wieder. Er war Opfer eines schweren Autounfalls in Florida gewesen und zu diesem Zeitpunkt bereits ein vielversprechender Tennisspieler. Der Unfall schien seine Karriere, wenn nicht zu beenden, so doch empfindlich zu stoppen. Doch er war ein Arbeitstier und trainierte auch während seiner Regenerationsphase hart weiter. Später gewann er mit den „French Open" als erster und bislang einziger Österreicher ein Grand Slam-Turnier und war in der Weltrangliste auf Platz eins zu finden. Dieser Athlet ist Thomas Muster.

Ja, auch Thomas Muster wird ein gewisses Talent für den Tennissport mitgebracht haben, aber mit Sicherheit war er ein harter Arbeiter. All jene, die vom notwendigen Talent sprechen, übersehen, dass der Anteil der mitgebrachten Eigenschaften vielleicht zehn Prozent am Erfolg ausmachen – und dass der Rest konsequente, aber auch harte Arbeit ist. Doch die Opfer und Entbehrungen, die hinter dem Erfolg stecken, bleiben im Verborgenen, und es heißt schnell: Na ja, diese Athleten kommen ja aus Kenia, die müssen schnell sein. Weil kenianische Läufer, nur weil sie in Höhenlagen aufwachsen und aufgrund ihrer Lebensumstände viel zu Fuß unterwegs sind, nicht hart trainieren müssen?! Und auch der deutsche Star-Geiger David Garrett übt fünf oder sechs Stunden am Tag, und übt auch dann, wenn er am gleichen Abend ein Konzert gibt. Wichtig ist, dass Sie Ihr Talent erkennen und in diesen Bereichen tätig sind. Sie haben die Statur eines Langstreckenläufers? Werden Sie nicht Kampfsportler. Sie können gut mit Statistiken und Zahlen umgehen? Überlassen Sie die Geisteswissenschaften jemand anderem.

„Langfristig überholt der Fleißige immer das Talent", sagt der deutsche Verkaufsexperte Martin Limbeck. Er predigt, was auch ich sage: sich nicht auf Glück und Zufall verlassen, sondern Ziele selbst in Angriff nehmen und dem Erfolg entgegengehen. Gleichzeitig gehen Sie somit auch dem Glück aktiv entgegen! Talent alleine erreicht nämlich gar nichts.

Bei meinen Coachings kommt es immer wieder vor, dass mir Personen sagen, keine Erfolgserlebnisse zu haben. Das kann ich nicht glauben, und in der Tat wird es auch nicht zutreffend sein. Vielmehr geht es darum, dass wir entweder unsere Ziele zu hoch stecken, oder nicht erkennen, wenn wir Ziele oder Teilziele erreicht haben, oder vielleicht gar keine klaren, konkreten Ziele haben. Ich bitte diese Personen dann, ein Erfolgstagebuch zu führen, Tag für Tag, Woche für Woche, Monat für Monat. Schreiben ist konzentriertes Denken, und durch das Schreiben werden wichtige Dinge viel eher und viel leichter vor Augen geführt. Es geht dabei nicht um das große, einzigartige, unwiederholbare Erfolgserlebnis; wenn wir den kleinen schönen Dingen des Lebens – ein Sonnenaufgang, ein Vogelgezwitscher, ein kluger Satz in einem guten Buch – Beachtung schenken und in unserem Bewusstsein einspeichern, dann können diese Erlebnisse in schwierigeren Zeiten als Motivationsfaktoren abgerufen werden.

TIPP:

IST EIN ERFOLGSTAGEBUCH AUCH ETWAS FÜR SIE? ***SCHREIBEN SIE TAG FÜR TAG, WAS IHNEN HEUTE BESONDERS GUT GELUNGEN IST,*** *ÜBER WAS SIE SICH BESONDERS GEFREUT HABEN, WELCH LOB UND ANERKENNUNG SIE HEUTE ERHALTEN ODER VERTEILT HABEN!*

REDEN WIR ÜBER KRISEN

„IN DER KRISE BEWEIST SICH DER CHARAKTER."

HELMUT SCHMIDT
BUNDESKANZLER A. D.

Sie haben es wahrscheinlich schon ein Dutzend Mal oder öfter gehört, aber für all jene Sinologen unter uns, denen es bislang entgangen ist: Das chinesische Wort für „Krise" setzt sich aus zwei Zeichen zusammen. Diese bedeuten, getrennt betrachtet: Gefahr und Chance. Eine Krise ist eine Herausforderung, bietet die Möglichkeit eines Neubeginns. Das ist auch alles richtig – nur wird zuweilen übersehen, dass es in einer Krise auch um andere Dinge gehen kann als um Chancen und Neubeginne, nämlich um Existenzkämpfe und -nöte, um emotionale Erpressungen und Kämpfe vor dem Scheidungsrichter um das Sorgerecht der Kinder.

Klar ist, dass jeder Mensch Krisen durchlebt, dass es Krisen gibt, die man nicht verhindern kann. Wenn ein Pubertierender reift, wenn sich Eltern trennen, wenn sich einschneidende Lebensereignisse einstellen – all dies wird als Krise bezeichnet. Doch wie auch immer, ich habe bislang niemanden gefunden, der mir jubelnd erzählt hat: „Ich bin in der Krise, alles wird besser!"

Krisen gehören durchlaufen und bewältigt, und es ist eine harte Zeit. Gilt für Sie, für mich, für den Psychologen, der alles weiß und dennoch in einer Beziehungskrise gefangen ist – auch er sagt nicht nur: „Ich verstehe ja, was vor sich geht", nein, auch er muss sie durchleben. Erst am Ende der Krisensaison, mit dem distanzierten Blick zurück, werden Sie erfahren und verstehen, was Sie daraus gelernt haben.

Die Krise bezeichnet eine problematische, mit einem Wendepunkt verknüpfte Entscheidungssituation; mir persönlich gefällt der Ausdruck einer „Ausnahmesituation" besser. Beim RAAM durchlebte ich viele Krisen, einige für wenige Minuten, andere für viele Stunden. Die Zeit heilt Wunden, mit Geduld, positiven Selbstgesprächen, mit Zuspruch vom Team wurden alle Wellentäler überwunden. Ich lernte, ruhig zu werden, auf meine Erfahrung zu bauen, sagte mir, dass nach jedem Tief ein Hoch kommt.

Jene Charaktertypen, die ich gerne als „Ja, warum denn nicht…?"-Personen bezeichne, sehen in Krisen auch Chancen. Was ist denn falsch daran, zu glauben, dass Sie gewisse Ziele erreichen können, sofern Sie wollen und daran glauben und sofern diese realistisch – das, was Sie für sich selber bestimmen – sind? Was ist falsch daran, jenes Leben zu wollen, das man sich erträumt? Doch die „Ja, aber…"-Typen sehen wenig Auswege aus Krisen und sind jene, die mir sagen: nach jedem Hoch kommt ein Tief.

„ES GIBT ZWEI ARTEN VON STRESS: EINEN, WENN DU ARBEIT HAST, UND EINEN, WENN DU KEINE HAST."

ENRIQUE IGLESIAS

Krisen gehören zum Leben. Es ist ein Irrglaube, dass es immer nur steil bergauf geht. Die Mode-Krise der heutigen Zeit – ohne sie verniedlichen oder gar verharmlosen zu wollen – nennt sich Burn-out. Gerade bewegungs- und arbeitsfreudige Personen wie Sie und ich laufen Gefahr, dieser Krankheit zum Opfer zu fallen. Ich bin sicherlich nicht der klassische „Burn-out-Redner". Statistiken interessieren mich sehr wohl, doch lieber als mit Zahlen der Betroffenen beschäftige ich mich mit den Maßnahmen der Prävention. Ich kann allerdings auch aus eigener Erfahrung sprechen, so, wie ich auch über die Radrennen oder Bergbesteigungen reden kann. Mein Leben ist eine Aneinanderreihung von verschiedenen Herausforderungen. Vom Extrem-Radsportler entwickelte ich mich auf der Suche nach neuen Aufgaben zu einem Vortragenden und hielt – neben anderen Aktivitäten – Dutzende Vorträge im Jahr. Einerseits erzeugt zu viel „Action" Stress in mir. Andererseits hatte ich diesen Stress auch, wenn ich daheim war, wenig zu tun hatte und mir die Decke auf den Kopf fiel. In den eigenen vier Wänden schuf ich mir in der Folge aber ein vertrautes Umfeld und die Zeit und Muße für Phasen der Reflexion.

Wie immer geht es darum, die goldene Mitte zu finden und den Sinn, den Humor des Lebens, die persönlichen Normen und Werte zu bewahren. In der Natur bin ich nicht nur aufgrund meines Berufsbildes als Radsportler und Bergsteiger unterwegs, sondern auch, um Geist und Körper zusammenzuführen. Gehen Sie über einen Feldweg, umgeben von Wiesen, oder durch einen Wald, wandern Sie 20 bis 30 Minuten und schärfen Sie Ihre Sinne, sehen, hören, riechen Sie die Natur! Und laufen Sie nicht vor ihr davon. Verabschieden Sie sich von Sätzen wie: „Ich gehe noch schnell laufen, damit es mich nach meinem wichtigen Meeting nicht so stresst." Allein dies zu hören, tut schon weh.

Wenn den ganzen Tag über von Problemen und Sorgen gesprochen wird, kommt es im Blut zu einer erhöhten Konzentration von Adrenalin, Noradrenalin und Kortisol – der Körper erzeugt Stress. Und Stress macht krank, psychisch wie physisch. Der größte Teil aller Sorgen sind zudem unnötige! Ein Großteil liegt in der Vergangenheit, und von den aktuellen und zukünftigen sind nur 8 % relevant. Aber dennoch. Wir nehmen unsere Sorgen, von denen wir die meisten ohnehin nicht mehr ändern können, am Abend mit ins Bett und beginnen zu grübeln. Grübeln ist Gift für das Wohlbefinden, und der Ärger über Ärger macht es nur noch ärger.

Neben dem negativen Stress (oder Distress) gibt es auch den positiven Stress (Eustress, lat. eu bedeutet „gut"). Bei diesem positiven Stress stellen Sie sich einer anstrengenden Herausforderung, die Sie aber gerne angehen und die Ihnen das gute Gefühl gibt, bestehen zu können. Wer zuviel Eustress hat, beschwert sich nicht über die Situation. Eustress ist kein Störfaktor, sondern beflügelt. Positiver Stress ist auch bei der Ausübung von sportlichen Aktivitäten oder in mit Vergnügen besetzten Extremsituationen, Bungee-Jumping beispielsweise, vorhanden.

TIPP:

VERWECHSELN SIE SORGEN NICHT MIT VOR-SORGEN. ***SORGEN – BITTE GUT MERKEN: ENTSORGEN!***

Gerade deswegen ist es wichtig, dass in Ihrem Gedankengut und Wortschatz Wörter vermieden werden, die Ihnen, oder anderen, bewusst oder unbewusst nicht guttun. Stellen Sie sich vor, dass Sie kein Genießer sind, dass Sie sich über rein gar nichts freuen können – weder über die Zuneigung Ihres Lebenspartners, ein gutes Essen, einen guten Tropfen Wein, einen wunderschönen Sommertag, die blühenden Blumen usw. Damit Sie wieder ein Genussmensch werden (können), benötigt es zuallererst eine Neuausrichtung Ihrer Gedanken zu diesem Thema, und dies geschieht durch einen neuen Wortschatz!

Der Wortschatz ist letztlich die Weiterführung Ihrer Gedanken. Fragen Sie sich, was Ihnen guttut – in welchen Bereichen auch immer. Ist es nicht ein Paradoxon unserer Zeit, dass wir alles planen, jeden Termin minutiös festhalten, aber nicht in der Lage sind, für uns selbst etwas schriftlich zu formulieren? Und weil wir gerade davon sprechen. Planen Sie auch Ihre privaten Stunden und schreiben Sie ein großes, eingekreistes ICH auf Ihren Terminkalender! Planen Sie Zeit für Ihren Partner, Ihre Partnerin. Werden Sie zu zweit aktiv: Gehen Sie wandern oder bergsteigen, kommunizieren Sie bei ausgeschaltetem Fernseher, planen Sie einen „Liebespaar-Abend" ein (auch wenn das jetzt in einer Beziehung sonderbar klingen mag). „Miteinander" ist etwas anderes als „gemeinsam". Gemeinsam kann ich auch Abend für Abend vor dem Fernseher sitzen, ohne miteinander zu reden.

Ein Bekannter hat mir einmal erzählt, dass er mit seiner Frau fein essen war, und dass es ein schöner, angenehmer Abend war. Zu Hause lobte er nochmals das Essen, den Wein, die zusammen verbrachte Zeit – und hörte als Antwort: „Ja, es war schon schön, aber auch sehr teuer!" Und damit war die ganze Romantik, die schöne Stimmung dahin.

Vielleicht ist es uns nicht immer bewusst, aber Worte haben eine größere Macht, als wir zuweilen vermuten. Reden wir so miteinander, dass wir uns gegenseitig motivieren und fördern können, oder stellen wir immer das Negative voran? Bin ich ein Zerstörer oder ein Errichter meines Umfeldes?

Bei einem „Race Across America" ging es mir wieder einmal sehr gut, ich lag aussichtsreich an zweiter Position, hatte einen guten Druck am Pedal, wie Radsportler sagen würden, und war gedanklich nach vorne und positiv fokussiert. In einer leichten Steigung, wo die Geschwindigkeit von Radfahrer und Begleitwagen natürlicherweise gedrosselt ist, hörte ich einen Betreuer am Straßenrand stehend sagen: „Wenn er so weiter fährt, wird er nicht einmal Fünfter..." Ich war erstaunt, und ein Umdenken fand bei mir statt. War ich so schlecht unterwegs? Holten die anderen auf? Was war los? Das ist genauso demotivierend, wie wenn ein Tennisspieler mit gutem Aufschlag bei Seitenwechsel gefragt wird, was denn heute mit seinem Service los sei, oder wenn ein fleißiger und aufmerksamer Lehrling immer nur mit den gleichen Sätzen konfrontiert wird: dass er heute wieder zu spät dran sei, dass er die Ware falsch eingeräumt hätte, dass schon wieder nicht sauber zusammengekehrt worden sei. Mit solchen Aussagen können keine positiven Emotionen und keine Freude an der Tätigkeit geweckt werden.

TIPP:

VERZICHTEN SIE AUF VORWÜRFE. SAGEN SIE EINFACH, WIE ODER WAS SIE GERNE HÄTTEN!

Sprechen ist der eine Teil der Kommunikation, zuhören, oder besser: aktives Zuhören, der andere. Wer zuhört, respektiert mich, denn er geht auf mich ein, ist interessiert an dem, was ich sage und wird, wenn es so weit ist, fundiert und pointiert antworten können. Aktives Zuhören erfordert allerdings auch Konzentration und Aufmerksamkeit. Wenn ich auch schweige, so kann ich durch meine Gestik und Mimik (nicken, Kopf schütteln, Augenbrauen nach oben ziehen) meinem Gesprächspartner sehr wohl signalisieren, dass ich ganz im Zwiegespräch mit ihm vertieft bin. Und nichts stört mehr, wenn E-Mails auf dem Smartphone durchgelesen, Nachrichten auf dem iPad abgerufen oder Telefonate auf dem Handy entgegengenommen werden.

Gerade die neuen Medien sind ein großer Störfaktor geworden für die wichtigste Kommunikationsform – der direkten von Mensch zu Mensch. Freunde erzählten mir, wie ein Entscheidungsträger eines großen internationalen Konzerns während eines Meetings mit Investoren mehr mit seinen elektronischen Spielzeugen beschäftigt war als mit seinen Gegenübern. Sicher, moderne Technologie ermöglicht uns auch, Sitzungen audiovisuell und/oder als Telefon-Konferenzschaltungen abzuhalten und dadurch finanzielle Mittel zu sparen (und auch etwas für die Umwelt zu tun). Doch letztlich ist der direkte Kontakt von Mensch zu Mensch sowie das aufmerksame Zuhören und Sprechen durch nichts anderes zu ersetzen. Leider fürchte ich, dass der Prozess irreversibel ist und es eher schlimmer denn besser wird.

7-38-55

Interessanterweise ist nicht das, was wir sagen, wichtig, sondern wie wir es sagen! Albert Mehrabian, ein US-amerikanischer Psychologe, ist hauptsächlich deswegen bekannt, weil er die Bedeutung nonverbaler Elemente in der Kommunikation thematisierte. Bereits in den 1960er- und 1970er-Jahren formulierte er die sogenannte 7-38-55-Regel. Vereinfacht dargestellt besagt sie, dass die Aufmerksamkeit des Zuhörenden, und somit der Zustimmung oder Ablehnung einer Mitteilung, zu 7 Prozent dem Inhalt gehört, zu 38 Prozent dem stimmlichen Ausdruck und zu 55 Prozent der Körpersprache. Nicht was wir sagen, ist relevant, sondern wie! Und deswegen sind positive Gedanken auch sehr wichtig für unser Auftreten.

AUCH SPRECHEN VOR ANDEREN MUSS GELERNT SEIN!

Die Kraft der Gedanken – der Titel dieses Buches – ist eine Kraft für sich selbst, wenn sie sich nicht entfalten kann: durch unsere Handlungen! Nachdem wir einen Gedanken gefasst haben und wir zur Tat schreiten, ist der erste Schritt die Interaktion mit anderen. Dies ist im Privatleben nicht anders als auf beruflicher Ebene. Man bespricht mit dem Partner oder der Partnerin die Wochenendplanung, und man trifft sich mit Berufskollegen, um die nächsten Projektschritte zu definieren.

Doch wenn das Sprechen vor (und mit) anderen in einem kleinen Rahmen und mit durchwegs bekannten Zuhörern keine Mühe bereitet, so ändert sich der Gemütszustand, wenn eine Rede vor einer größeren und zum größten Teil unbekannten Zuhörerschar gehalten werden muss.

Es ist in der Tat eine der größten menschlichen Ängste, Reden halten zu müssen. Lieber hören wir bei unserer eigenen Grabrede zu, als diese für jemand anderen halten zu müssen. Dabei ist Sprechen erlernbar, und auch Reden halten. Doch mit einem Freund zu quatschen, hat eine andere Energie, als eine Rede im Aufsichtsrat oder in einem vollgefüllten Festsaal zu bestreiten. Bei letzteren Beispielen geht es nicht nur um die Inhalte allein, sondern auch um deren Präsentation.

Das Wort Rhetorik kommt aus dem Griechischen und bedeutet so viel wie „die Redekunst", „die Lehre von der

Kunst, eine Rede wirkungsvoll zu gestalten". Doch richtig gute Rhetorik braucht nicht nur das Werkzeug, sondern auch die Überzeugung des Redners, bestehen zu können. Sie braucht Mut!

Rhetorik ist nämlich mehr als nur schönes Reden. Sie ist der psychologisch fundierte Umgang mit dem Wort und dem körpersprachlichen Ausdruck. Nur eine charismatische Persönlichkeit, die im Einklang mit sich selbst steht und gut mit ihren Mitmenschen zurechtkommt, wird wirklich und dauerhaft rhetorisch erfolgreich sein. Zudem ist eine Unterstützung durch umfassende Kenntnisse der Kommunikationstechnik als Voraussetzung einer erfolgreichen Kommunikation gefordert.

Es gibt nichts im Leben, was sich stärker auf den Erfolg und sogar auf das Glück auswirkt, als die Art und Weise, wie wir Mitmenschen begegnen, wie wir mit ihnen kommunizieren und wie diese darauf reagieren.

Sie sehen also, es kommt nicht nur auf die Worte an!

Grundvoraussetzungen für eine gelungene Rede sind:

- Der Redner muss etwas zu sagen haben
- Der Redner muss von dem überzeugt sein, was er sagt
- Der Redner muss eine positive Einstellung zu seinem Publikum haben
- Der Redner darf sein Publikum auf keinen Fall langweilen

Wenn ich über das „Race Across America" spreche, oder über meine Bergbesteigungen, dann rede ich nicht nur nüchtern und emotionslos darüber, dass das Rennen rund 5000 Kilometer lang ist, nonstop in rund neun Tagen bewältigt wird, und dass man relativ wenig schläft. Oder dass der Berg diese oder jene Höhe aufweist, und dass es vom Basislager in die Hochlager I und II und dann auf den Gipfel geht. Viel eher spreche ich davon, dass die Konkurrenz mit dem ersten von rund einer Million Pedaltritten beginnt, dass nach einigen hundert Kilometern das Gesäß zum ersten Mal schmerzt und dass man verzweifeln möchte angesichts der langen Geraden in Kansas, die im Horizont münden und die einen Tag Einöde und Qualen bringen. Ich lege Wegstrecken und Höhenmeter in Vergleiche um, die den Zuhörern geläufig sind – wie oft man auf den Großglockner steigen müsste, oder wie oft man die Strecke Wien-Rom zurücklegen müsste, um auf eine Gesamtlänge von 5000 km zu kommen. Oder ich spreche davon, wie klirrend kalt es ist im Zelt auf 6000 m Höhe, wie der Wind um die kleine Festung aus Eis, die wir uns mit unseren eigenen Händen gebaut haben, heult, und wie wir da liegen und warten und hoffen, dass die Schneemassen unsere temporäre Herberge nicht zum Einsturz bringt.

Je plastischer ich meine Inhalte darstellen kann, umso eher werden mir die Zuhörer folgen, mit mir auf dem Rad sitzen oder mit mir den Berg besteigen – und dadurch auch meine Ansichten – Glaube und Wille, positives Denken, Kampf gegen den inneren Schweinehund, Stärken stärken usw. – teilen.

Bevor ich mit einem Vortrag beginne, suche ich mir einen Platz auf der Bühne aus, an dem ich mich wohlfühle. Dabei nehme ich keine Rücksicht auf einen eventuell vorhandenen Referententisch oder auf ein Rednerpult. Dies sind Möbelstücke, die energetisch absägen! Ich möchte mich aber voll und ganz meinem Publikum präsentieren, weil meine Worte dadurch eine wesentlich höhere Wirkung haben. Wenn Sie prominente Redner, oder bekannte Stand-up Comedians bewusst beobachten, dann erkennen Sie, dass die meisten während deren Auftritte nicht wie angegossen auf ein- und demselben Platz auf dem Podium stehen. Deswegen: Bewegen auch Sie sich auf der Bühne. Nützen Sie die Fläche und machen Sie Ihren Vortrag lebendig! Und gehen Sie bei den wichtigen Botschaften einen Schritt auf Ihr Publikum zu!

Doch: 7-38-55! Zuerst einmal geht es darum, dass ich selbst Sicherheit, Begeisterung und Motivation ausstrahle. Wenn ich auf eine Bühne trete und nur daran denke, möglichst rasch wieder von hier verschwinden zu können (weil ich müde bin, weil ich unmotiviert bin, weil ich so gestresst bin), dann wird sich meine negative Energie auf mein Publikum übertragen. Und die Zuhörer möchten dann auch nur, dass es möglichst rasch wieder vorbei ist. Der Redner muss das Publikum mögen, dann wird die Zuneigung auch zurückgegeben!

In diesem Zusammenhang möchte ich Ihnen Charles Adrien Wettach näherbringen. Wahrscheinlich sagt Ihnen dieser Name nicht viel – sein Künstlername war Clown Grock, und diesen haben Sie vielleicht schon einmal gehört. Das Schweizer Sprachentalent – er sprach in Französisch, Englisch, Deutsch, Italienisch, Spanisch und Ungarisch – war ein berühmter Musikclown. Er spielte 15 Instrumente! Doch er hatte vor jedem seiner Auftritte ein besonderes Ritual. Bevor Grock nämlich die Bühne betrat, schaute er durch ein Guckloch im schweren schwarzen Vorhang auf dem Podium auf seine Gäste, sein Publikum. Er begann bereits vor seinem Erscheinen, eine positive Beziehung zu den Zuhörern aufzubauen und sagte: „Mein liebes, liebes Publikum. Ich danke dir, dass du heute erschienen bist, und ich werde mir größte Mühe geben, dich auch heute Abend wieder zu erfreuen." Dabei waren seine Vorstellungen immer Monate im Voraus ausverkauft. Dann gab er das Zeichen, den Vorhang zur Seite zu schieben, und mit diesem Gefühl der Dankbarkeit im Bauch trat er vor die Menschen. Und dies spürte auch sein Publikum.

Die innere Einstellung zur Sache und zu den Zuhörern macht eine Rede zu einer gelungenen oder weniger gelungenen. Es ist nicht wichtig, ob Sie Anzug oder Krawatte tragen oder nicht – deswegen sprechen sie nicht besser. Wählen Sie viel eher Kleidungsstücke, in denen Sie sich wohlfühlen, ohne unangemessen gekleidet zu erscheinen! Bei Ihren Meetings sind Sakko und Krawatte Pflicht? Sind Sie sich da ganz sicher, oder könnte es Ihnen gelingen, die Kleiderordnung aufzubrechen? Doch wichtiger als die Kleidung ist die Körperhaltung, die darüber entscheidet, ob Sie sympathisch und selbstbewusst auftreten oder nicht. Das Sprichwort sagt, dass der erste Eindruck zählt – und es stimmt. Es stimmt auch, dass Sie keine zweite Chance haben, einen ersten Eindruck zu machen. Ich selbst stelle mir vor, wie ich wie ein Fels auf der Bühne stehe – sicher und unverrückbar.

Selbstbewusste Menschen reden nämlich laut, oder können zumindest laut reden, wenn es notwendig ist. Immer wieder werde ich mit der Meinung konfrontiert, dass sich die Lautstärke der Stimme nicht verändern lassen kann. Ich antworte mit Beispielen. Sind Sie nicht davon überzeugt, dass Sie eine andere Person lautstark warnen könnten, wenn diese in ihrem toten Winkel das auf sie zurasende Auto nicht sieht. Glauben Sie nicht, dass Sie losschreien könnten, wenn das berühmte vom Himmel fallende Klavier einer bekannten Kaffeemarken-Werbung gerade dabei ist, George Clooney zu erschlagen, und Sie dies beobachten?

Und noch einen dritten Punkt gibt es auf dem Weg zu einem selbstbewussten Auftreten. Verschiedene Untersuchungen haben gezeigt, dass von sich überzeugte Menschen einen geraden, stabilen und sicheren Blick ins Publikum haben. Um diesen authentisch auszustrahlen, benötigen Sie Sicherheiten. Lernen Sie beispielsweise die ersten drei Sätze Ihres Vortrags auswendig, oder legen Sie sich zwei, drei mögliche Einleitungen zurecht. Denn Reden hat ja mit Denken zu tun.

TIPP:

ÜBEN, ÜBEN, ÜBEN!
BAUEN SIE SICH VOR DEM SPIEGEL AUF UND TRAINIEREN SIE EINE LAUTE STIMME! SAGEN SIE EINEN SATZ LAUT VOR SICH HER, WIEDERHOLEN SIE IHN EINIGE MALE UND STEIGERN SIE DABEI VON MAL ZU MAL DIE LAUTSTÄRKE! UND VERGESSEN SIE EINEN STABILEN, LÄCHELNDEN BLICK NICHT (OHNE ZU EINEM DAUERLÄCHLER ZU WERDEN).

Wenn wir uns für selbstbewusst halten, strahlt das umgekehrt auch auf unser Gefühl aus, und wir fühlen uns dann auch selbstbewusst. Dies bedeutet allerdings nicht, dass wir nicht nervös sein werden (oder sein dürfen), und dass wir nicht auch aus dem Konzept gebracht werden könnten. Ich persönlich bin froh, vor jedem meiner Auftritte im richtigen Maße nervös zu sein – dies bedeutet, dass mir viel am bevorstehenden Vortrag liegt, dass ich fokussiert bin auf diese Aufgabe. Nicht nervös zu sein, kann ein Zeichen von fehlender Emotionalität, Desinteresse und Wurstigkeit sein.

Um die Nervosität auf dem richtigen Pegel zu regulieren, empfiehlt es sich, sie über die Atmung zu steuern. Ist Ihnen aufgefallen, dass Sie, wenn Sie angespannt und nervös sind, kurz und abgehakt quasi „in die Schultern" hineinatmen? Und wenn nicht, dann entspannt in den Bauch? Verlegen Sie deswegen vor Ihrem Auftritt die Atmung ganz bewusst in den Bauch.

TIPP:

ÜBEN SIE IM SITZEN. BEWEGEN SIE DABEI DEN OBERKÖRPER LANGSAM NACH VORNE UND HINTEN UND ATMEN SIE DABEI EIN UND AUS.
JE RUHIGER SIE ATMEN, DESTO RUHIGER WERDEN SIE. FINDEN SIE EINEN KRAFTVOLLEN SATZ, DEN SIE SICH VORSAGEN, BEISPIELSWEISE: „ICH HABE EUCH EINE TOLLE GESCHICHTE MITZUTEILEN." UND SELBSTVERSTÄNDLICH GILT DIES NICHT NUR FÜR VORTRÄGE, SONDERN AUCH FÜR ANDERE AUFGABEN IN IHREM LEBEN.

Ich bin fast immer mit einem Kollegen unterwegs, mit dem ich mich darüber unterhalte, was wir machen. Es ist ein kleines Briefing mit meinem Begleiter, und gemeinsam reden wir einige Minuten über die Veranstaltung. Worauf wir besonders achten müssen, welche Inhalte ich besonders transportieren will. Unmittelbar bevor es losgeht, denke ich aber nicht mehr intensiv daran, dann warte ich nur mehr auf den Beginn, das „Intro", um mich in Stimmung zu bringen. Das „Born to Run" von Bruce Springsteen ist wichtig für mich, nicht für die Zuhörer, und ich sage es ihnen auch. Es gibt bei meinen Vorträgen keine Manipulationen, sondern nur Ehrlichkeit! Und dann geht es los mit den Bildern, den dazugehörenden Geschichten und den dazugehörenden Botschaften.

Je plastischer Sie Dinge beschreiben, umso mehr wecken Sie Assoziationen und Gefühle. Sie können sagen, dass Sie täglich laufen gehen. Sie können erzählen, was Sie sehen, hören, riechen und fühlen, Tag für Tag, wenn Sie laufenden Schrittes Ihre Wohnung verlassen, über die Brücke eilen und sich auf Ihrer Laufstrecke – im Prater in Wien, über die Felder Ihrer Heimatgemeinde – wiederfinden. Und übermitteln Sie in diesen subjektiven Erlebnissen Ihre Botschaft, beispielsweise: dass Sport gesundheitsfördernd ist, die Welt mit anderen Augen betrachten lässt.

Bleiben Sie einfach! Sprechen Sie eine Sprache, die jeder versteht. Ansonsten heißt es danach, dass Sie sehr intelligent sein müssten – man hat nämlich nichts verstanden. Und in Erinnerung ist auch noch die Rede eines führenden VW-Managers, der bei der Hauptversammlung 2006 moniert hatte, dass man Englisch können muss, um einen Passat bedienen zu können: „Ich habe vor einigen Monaten einen Passat bestellt und dabei erfahren, dass man fundierte Englischkenntnisse braucht, um alles zu verstehen, was angeboten wird. Bei der Ausstattung kann man wählen zwischen Trendline, Highline, Sportline und Comfortline. Bei den Motoren gibt es u.a. TDI und FSI. Was FSI bedeutet, weiß der Berater nicht so genau, es heiße wohl ‚Full Selected Injection' oder so. In Wirklichkeit heißt es natürlich ‚Fuel Stratified Injection'. (...) Gibt es wirklich keine treffenden deutschen Namen für unser deutsches Produkt? Wo bleibt die Kreativität unserer Werbeabteilung?"

TIPP:

INTERESSANTE GESCHICHTEN FESSELN DIE ZUHÖRER UND BLEIBEN DESWEGEN VIEL LÄNGER IN ERINNERUNG.

Es war meine Geschichte, die Geschichte meiner Ängste, die mir als Vortragender Standing Ovations einbrachte und bei der mir heute noch die Gänsehaut über den Rücken läuft.

Im Oktober 2012 war ich eingeladen worden, in Cancun, Mexiko, einen Vortrag vor internationalem Publikum aus den USA, Mexiko, China und Japan zu halten, und bitte auf Englisch. Dies hatte ich bis zu diesem Zeitpunkt noch nie gemacht. Der Auftraggeber meinte, dass es eine Zuspielung aus Österreich sein könnte, oder dass ich auch deutsch mit Übersetzer sprechen könnte... aber am liebsten eben doch gleich live in englischer Sprache.

Zwar habe ich mir oft vorgestellt, meine Vorträge auch auf Englisch zu halten, doch diese Möglichkeit immer wieder vor mir hergeschoben, mit der Begründung: Das machst Du, wenn Du absolut sattelfest bist. Doch jetzt war es so weit, jetzt gab es anscheinend kein Entkommen mehr. Ich musste die Komfortzone verlassen. Auch Moderationskarten habe ich angefertigt, für den Fall der Fälle, dass ich den Faden verlieren würde. Und der neunstündige Flug nach Mittelamerika war eine besonders lange Arbeitssession. Die Nacht vor dem Vortrag war eine einzige Qual. Ich wachte um 2 Uhr auf, hustete und glaubte, oder hoffte, dass ich keine Stimme mehr hätte. Dann fühlte ich meine Temperatur, aber bedauerlicherweise hatte ich auch kein Fieber. Und zu guter Letzt überprüfte ich, ob ich mir während der Nachtruhe nicht ein Bein gebrochen hätte… ich suchte wirklich engagiert nach Auswegen, um mich vor diesem Vortrag drücken zu können.

Doch dann sagte ich mir: Wolfgang, nütze diese Situation als Deine Chance und sehe sie nicht als Problem. Denn man muss auch Dinge machen, die man noch nicht so gut kann. Wenn ich warte, bis ich perfekt bin, werde ich nie zu einem Auftritt kommen. Ich visualisierte, wie ich es in meinem Leben schon oft getan habe, den Moment des Erfolgs: wie ich die Bühne betrete, wie ich mich mit jedem englischen Wort sicher und sicherer fühle, wie ich meinen Vortrag souverän bestreiten werde.

Die Vorbereitung und meine sich ändernde Einstellung erzählte ich den Zuhörern, ehe ich mit meinem Seminar begann. Der tosende Applaus am Ende kam überraschend, hat aber sehr gutgetan. Er hat mir neue Möglichkeiten eröffnet, Selbstvertrauen und Sicherheit gegeben. Selten zuvor hatte ich solch ein wichtiges und tolles Erfolgserlebnis, das mich in meinem Denken bestätigte: Handle mutig, und du wirst mutig.

EXKURS

Wenn ich an meine ersten Vorträge vor wenigen Dutzenden von Personen zurückdenke, dann ist mir dies fast unangenehm – besonders gut werde ich wohl nicht gewesen sein. Nach meinem ersten Auftritt wäre eine gute Gelegenheit gewesen, diesen auch zu meinem letzten zu deklarieren. Doch ich entwickelte mich weiter, lernte von anderen, fand meinen eigenen Weg. In der Zwischenzeit habe ich rund 1400 Vorträge und Impulsreferate gehalten, im gesamten deutschsprachigen Raum und einige auch in englischer Sprache. Der Weg, den ich gegangen bin und immer noch gehe, freut mich und macht mich auch ein bisschen stolz. Am Ziel bin ich immer noch nicht. Auch ich kann mich im „Sprechen vor anderen" noch weiter verbessern.

TIPP:

BRINGEN SIE IHR PUBLIKUM ZUM SCHMUNZELN UND LACHEN. DANN WISSEN SIE, DASS IHNEN DIE MENSCHEN IM RAUM ZUHÖREN.

LIEBER WAS NEUES, ODER BESSER WAS ALTES?

Von Reinhold Messner stammt der Ausspruch, dass Menschen eigentlich immer nur das tun, was sie können. Dabei sollten sie können, was sie wollen. Die Aussage, mit all ihren Konsequenzen, ist klar. Wenn wir immer in dem verharren, in dem wir uns sicher fühlen, wird unser Leben zu einem Einheitsbrei. Wir verrichten immer die gleichen beruflichen Tätigkeiten, wir klettern immer bis zu einem gewissen Schwierigkeitsgrad, wir bewegen uns immer auf bekannten Routen – auf diesen können wir uns nicht verlaufen. Wenn wir etwas Neues tun – uns beruflich verändern, oder die Schwierigkeit am Berg erhöhen –, dann laufen wir selbstverständlich auch Gefahr, Fehler zu machen und Rückschläge hinnehmen zu müssen.

Die Geschichte der Menschheit ist in der Tat voll von historischen Irrtümern. „Das Telefon hat zu viele ernsthaft zu bedenkende Mängel für ein Kommunikationsmittel. Das Gerät ist von Natur aus von keinem Wert für uns", ließ Western Union in einer internen Mitteilung 1876 verlauten. „Alles, das erfunden werden kann, ist erfunden worden und man kann das Patentamt schließen", meinte Charles Holland Duell, Beauftragter des US-Patentamts, 1899 (wobei es massive Zweifel am Wahrheitsgehalt dieses Satzes gibt). Zwei Jahre später ließ Gottlieb Daimler aufhorchen: „Die weltweite Nachfrage nach Kraftfahrzeugen wird eine Million nicht überschreiten – allein schon aus Mangel an verfügbaren Chauffeuren." Warner Brothers meinte über Tonfilme 1927: „Wer zur Hölle will Schauspieler reden hören?" Decca Recording begründete die Zurückweisung der Beatles 1962 damit, dass „wir den Sound nicht mögen und Gitarrenmusik ohnehin am Aussterben ist".

Das Telefon, das Auto, Tonfilme, die Beatles haben sich durchgesetzt, und die Patentämter gibt es auch immer noch.

Wir kennen alle den Satz, dass umzufallen keine Schande sei, nur liegen zu bleiben. Es muss im Leben nicht immer alles gelingen – Niederlagen, Misserfolge, Rückschläge machen einen Teil unserer Existenz aus. Dies ist uns bewusst oder unbewusst klar, und wir akzeptieren diesen Umstand auch. Und dennoch tun wir uns schwer, aus einer Niederlage, einem Rückschlag eine Chance zu sehen, aus Fehlern zu lernen und daran zu wachsen. Sebastian Vettel sagte einmal: „Natürlich mache ich auch Fehler, aber ich mache jeden nur einmal und ziehe die Konsequenzen daraus."

Fehler machen heißt, die Komfortzone zu verlassen, so, wie eine Schildkröte ihren sicheren Panzer verlässt, um vorwärts zu kommen. Sie geht ein Risiko ein, weil sie ihre geschützte Umgebung verlässt. Wenn wir uns an etwas Neuem versuchen, dann lautet die Frage, die wir uns stellen, nicht „was kann da alles passieren?", sondern „wie kann ich dies am besten machen?"

Im Sommer 2012 war ich mit dem Projekt der sieben höchsten Gipfel der sieben Alpenländer beschäftigt. Ziel war, Mont Blanc (Frankreich/4.810 m), Gran Paradiso (Italien/4.061 m), Dufourspitze (Schweiz/4.634 m), Grauspitze (Liechtenstein/2.962 m), Zugspitze (Deutschland/2.962 m), Großglockner (Österreich/3.798 m) und Triglav (Slowenien/2.864 m) zu besteigen und die Wegstrecken dazwischen auf dem Rad zurückzulegen – und dies alles nonstop. Nun sind Unternehmungen dieser Art für mich nicht gänzlich neu, doch bevor es losging, ereigneten sich am Mont Blanc tödliche Unfälle. Mitte Juli starben bei einem Lawinenabgang neun Alpinisten. Durch diesen tragischen Zwischenfall wurde mir bewusst, wie verwundbar wir Menschen doch alle sind, und dass ich mich mit dem notwendigen Respekt, aber ohne Furcht, an die neue Unternehmung heranwagen musste. Letztlich verliefen alle Besteigungen ohne Zwischenfälle und ich konnte am 23. August mein Sommerprojekt 2012 erfolgreich beenden.

Doch für große Ziele müssen wir unsere Komfortzone verlassen, genauso, wie wir für große Ziele auch um fünf Uhr früh aus dem Bett springen werden. Die Gleichung ist einfach: Große, neue Ziele bringen großen, neuen Antrieb mit sich! Beeindruckt hat mich ein TV-Interview einer 104 Jahre alten Oberösterreicherin. Diese sagte: „Der Mensch braucht immer eine Aufgabe. Er kann nicht nur dasitzen und nichts tun." Und wenn dies für diese betagte Lady gilt, um wie viel mehr für uns alle jüngeren?

Letztlich liegt die Entscheidung immer bei Ihnen. Wollen Sie weiter in der Komfortzone verweilen und sich sicher fühlen? Oder wollen Sie sich weiterentwickeln und dorthin gehen, wo es auch wehtun kann? Nochmals: Es ist Ihre Entscheidung, und diese muss Ihnen gefallen.

Im Laufe der Jahre als Vortragender habe auch ich mich immer weiterentwickelt. Ich begann, vor wenigen Dutzend Personen zu sprechen, war vier Stunden vor Veranstaltungsbeginn vor Ort, war nervöser als bei jedem Radrennen. Bei meinen ersten Auftritten hatte ich Schweißausbrüche, Herzrasen, zittrige Hände und einen trockenen Hals. Ich war verunsichert, wo ich auf der Bühne stehen und wie ich mich da oben bewegen sollte. Ich verließ in diesem Rahmen permanent meine Komfortzone und bildete mich dadurch weiter. Wie bei so vielen Dingen im Leben ist es durch regelmäßiges Üben besser geworden. Üben, üben, üben – und Sie werden sich verbessern, das können Sie gar nicht verhindern! In der Tat scheitern viele Unternehmungen und Dinge, weil man sie eben nicht oft genug übt!

Jeder Sportler weiß, dass er durch regelmäßiges Training besser wird, jeder Musiker muss regelmäßig proben, um sich weiterzuentwickeln. Gemeinhin wird gesagt, dass zirka 10.000 Stunden benötigt werden, um eine Sache meisterhaft zu beherrschen. 10.000 Stunden sind 416 Tage, sind 1,14 Jahre – also ein Synonym für eine sehr, sehr lange Zeit. Nach meinen Berechnungen habe ich zirka 30.000 Stunden im sportlichen Training verbracht; sicherlich habe ich auch sehr viel Zeit in meine Entwicklung und Weiterentwicklung zum Vortragenden investiert. Doch auch wenn ich nun teilweise vor mehreren Hundert Personen spreche, bin ich bei jedem Auftritt etwas angespannt und nervös – denn ich will ja meine Zuhörer erreichen mit meinen Geschichten und mit ihnen in einen Energieaustausch treten.

TIPP:

NÜTZEN SIE JEDE GELEGENHEIT, UM SICH MIT NEUEM ZU KONFRONTIEREN UND DIESES EINZUSTUDIEREN, ZU HAUSE, IM VEREIN ODER IM BERUF.

Auch wenn Sie sich gut vorbereitet fühlen auf das Neue in Ihrem Leben, dann sollten Sie dennoch auf schwierige Zeiten gefasst sein. Beim RAAM wie in den Bergen arbeitete ich mich manchmal lediglich von Kilometer zu Kilometer bzw. von Meter zu Meter vor. Hätte ich mich in der Vorbereitungsphase gedanklich betrogen und mir eingeredet, dass es ein wunderschöner, problemloser Ausflug würde, dann wäre ich auf die aufkommenden Hindernisse nicht vorbereitet gewesen.

Es gibt keine Abkürzungen auf dem Weg zum Erfolg, wie ich es schon in einem Vortrag gehört habe. Ich stelle es mir sehr schwer vor, dass man als Referent gleich in einem Saal vor einigen Hundert Personen den ersten Vortrag erfolgreich geben kann. Ich glaube auch nicht daran, dass das „Race Across America" das erste Nonstop-Radrennen sein soll, das ein Extremsportler bestreitet.

Etwas Neues beginnen heißt für uns alle auch, im Vorfeld darüber klar zu sein, welcher Preis dafür zu bezahlen ist. Als ich neben meiner Tätigkeit als selbstständiger Lebensmittel-Kaufmann die Fachakademie für Handel in Graz besuchte, fuhr ich vier Mal pro Woche am Abend mit dem Auto in die steirische Landeshauptstadt, besuchte den Unterricht und musste anschließend wieder 70 km zurück nach Hause. Es war keine leichte Zeit – doch es ist immer zu spät, wenn wir erst während der Ausbildung, während unserer Aktivität realisieren, dass es zu aufwendig ist oder vielleicht gar nicht umsetzbar. Mein Motto in solchen Momenten lautet: Was ich angefangen habe, bringe ich auch zu Ende – auch wenn es manchmal etwas länger dauert. Als ich beim „Race Across America" gestürzt war und mir das Schlüsselbein gebrochen hatte, war die Frage, die meinen Teammitgliedern ins Gesicht geschrieben war: Geben wir jetzt auf oder nicht? Und auch wenn Platz eins (mit oder ohne Sturz) außer Reichweite war – was ich begonnen hatte, wollte ich auch zu Ende bringen. Allerdings sage ich auch: Man muss nicht immer alles um jeden Preis machen.

Veränderungen benötigen Mut und Zeit. Mut, mit etwas Neuem zu beginnen, und Zeit, damit sich die Neuronen und Synapsen in unserem Gehirn darauf einstellen können. Eine kleine Hilfe, neuen Gewohnheiten den Eintritt in unser Leben zu erleichtern, ist die 30-Tage-Regel. Nehmen Sie sich einfach vor, sich für 30 Tage anders zu verhalten – beispielsweise des Abnehmens willen auf Schokolade und Süßigkeiten zu verzichten. Mit 30 Tagen bis zum Ziel beginnen Sie bereits mit einem absehbaren Ende in Sicht, und Sie werden sich eher diszipliniert und konsequent in Ihren neuen Aufgaben wiederfinden – denn die Zeitspanne ist überschaubar! Oftmals sind 30 Tage bereits lang genug, um alte Gewohnheiten abzustellen und neue Gehirnbahnen permanent zu öffnen. Und wenn nicht: Nehmen Sie sich weitere 30 Tage vor und machen Sie sich bildlich bewusst, welche langfristigen Vorteile die Veränderungen für Ihr Leben bringen werden.

Unlängst habe ich gelesen, dass Zielen keine Deadline gesetzt werden sollen. Wohl wahr, dass man sich bei gewissen Ambitionen nicht einem zeitlichen Druck auszusetzen braucht. Dennoch bin ich der persönlichen Überzeugung, dass Ziele auch zu festgesetzten Zeitpunkten erreicht werden sollten, da sie ansonsten im Reiche der Träume verbleiben. Ich möchte einmal abnehmen. Ich möchte einmal Olympiasieger werden. Ich möchte einmal eine berufliche Weiterbildung besuchen. Und wann?! Setzen Sie Ihren Zielen zeitliche Grenzen!

LACHEN UND HUMOR

Die 1970er-Jahre sind angebrochen, als ein bekannter US-amerikanischer Wissenschaftsjournalist mit einer verheerenden Diagnose konfrontiert wird: Spondylarthritis, eine chronische Entzündung der Wirbelgelenke, die mit sehr starken Schmerzen einhergeht. Die Prognose der Ärzte ist denkbar schlecht, seine Überlebenschancen werden mit 1:500 beziffert. Andere hätten sich vielleicht ihrem Schicksal ergeben, doch nicht Norman Cousins.

Der Redakteur, Autor und Friedensaktivist aus New Jersey wusste, dass sich negative Gemütszustände negativ auf die Gesundheit auswirkten – dies war bereits untersucht, dokumentiert und in Wissenschaftszeitschriften publiziert worden. Cousins dachte, dass positive Gemütszustände dann ja auch heilende Wirkung haben müssten – wenn man sich Krankheiten einreden könne, dann müsste dies ja auch umgekehrt bei Gesundheit funktionieren. Auf dieser Überlegung basierte sein persönliches Experiment. Cousins mietete sich ein Hotelzimmer, um sich unter anderem auch von seinem negativ gepolten Umfeld abzuschotten und bemühte sich, sich systematisch zum Lachen zu bringen – durch das Ansehen lustiger Filme, oder durch witzige Bücher, die ihm von anderen vorgelesen wurden. Er stellte fest, dass die Schmerzen nachzulassen begannen, wenn er zehn Minuten intensiv gelacht hatte, und er konnte dann auch zwei Stunden gut schlafen. Ärzte attestierten ihm, dass die Entzündungsherde zurückgingen.

Unglaublich, aber wahr. Norman Cousins lachte sich regelrecht gesund. Als er 1990 in Los Angeles im Alter von

75 Jahren dann schließlich doch starb – an Herzinfarkt – hatte er die Prognose der Ärzte um 26 Jahre übertroffen!

Als das Lachen Norman Cousins vor dem Tod bewahrte, war die Gelotologie, die Wissenschaft der Auswirkungen des Lachens (griech. *gelos*, „das Lachen"), begründet vom Psychiater William F. Fry, gerade mal zehn Jahre alt. In der Tat ging die Medizin im Cousinsschen Fall von einem Zufall aus. Einige Mediziner gingen diesem Phänomen aber tatsächlich nach, und je mehr und näher sich die Ärzte mit Personen vor, während und nach dem Lachen beschäftigten, umso mehr wurden positive Reaktionen auf das Immunsystem festgestellt.

„HUMOR IST DER GEGENSPIELER DER ANGST."

VIKTOR FRANKL

Doch Lachen ist nicht so einfach. Die Wissenschaft unterscheidet zwischen 18 verschiedenen Arten des Lachens und des Lächelns, und nur eine einzige ist der Ausdruck ehrlichen Vergnügens. Lachen können Sie auch, um eine andere Person zu verletzen oder zu demütigen. Dann ist es eine Form der Aggression. Freundliches Lächeln auf der Straße ist ein Zeichen des Grußes. Gehemmtes Lachen als Antwort auf eine Frage, auf die Sie keine Antwort wissen, ist Zeichen von Unsicherheit. Und lächelnd-auffordernd kann auch erotisierend wirken. Vor allem aber: Versuchen Sie nicht, krampfhaft lustig zu sein. Was nicht echt ist, ist unnötig.

Die Auswirkungen des Lachens sind in den Gedanken, in der Psyche, in der Physis nachvollziehbar.

- Lachen stärkt das Immunsystem.
- Lachen aktiviert und stärkt das Herz-Kreislauf-System.
- Lachen ist ein großer Feind von Stress.
- Lachen steigert das allgemeine Wohlbefinden.
- Lachen treibt negative Gedanken aus dem Leben.
- Lachen beschleunigt die Atmung, verbessert den Blutdruck.
- Lachen massiert auch den Darm über das vibrierende Zwerchfell.
- Lachen regt die Produktion von Glückshormonen wie Endorphinen an.
- Lachen reduziert die Produktion der Stresshormone Adrenalin und Kortisol.
- Lachen bringt frischen Sauerstoff und dadurch auch neue Gedanken in den Kopf.
- Lachen steigert die Kreativität.
- Lachen lockert nicht nur die Muskulatur im Gesicht, sondern auch die Muster der Gedanken, ändert die Sicht der Dinge.
- Lachende Menschen sind heitere, optimistische Menschen und tragen ihr Wesen nach außen, sind beliebter und sozial erfolgreicher als pessimistische Personen.
- Lachen hilft gegen Frühjahrsmüdigkeit, und eine Minute Lachen soll 45 Minuten Entspannungstraining gleichkommen, sagen Lachforscher.

17 Gesichtsmuskeln und weitere 400 angeregte Muskeln werden beim Lachen aktiviert. Das ist eine beeindruckende Zahl – doch viel mehr als für diesen Wert sollten Sie sich für die folgenden interessieren!

Kinder lachen rund 200-mal am Tag.
Erwachsene lachen rund 20-mal am Tag.
Tote gar nicht mehr.

Jetzt gehen wir von den 20 Lacheinheiten am Tag aus. Überprüfen Sie für sich selbst, ob Sie sich eher nach oben, Richtung 200, oder nach unten, Richtung null, orientieren.

TIPP:

VERSUCHEN SIE, MEHRMALS TÄGLICH HERZHAFT ZU LACHEN! WIE SCHON ERWÄHNT REICHT OFT SCHON EINE MINUTE LACHEN UND SIE FÜHLEN SICH STRESSFREIER, ENTSPANNTER UND VIEL WOHLER IN IHRER HAUT!

Obwohl Lachen angeblich die Potenz der Männer erhöht, lachen Frauen statistisch gesehen mehr als Männer – mag sein, dass auch dies ein Grund ist, warum sie länger leben. Klar ist jedenfalls: Menschen mit Frohsinn und positiver Lebenseinstellung sind seltener krank!

Lachen ist die kürzeste kommunikative Verbindung zwischen zwei Menschen, und Lachen ist international! Aber: In unserer Leistungsgesellschaft haben wir das Lachen verlernt. Sie kennen ja auch die Sprüche wie „Wo gelacht wird, wird nicht gearbeitet". Auch Sie denken sich vielleicht, dass ein humorvoller Chef keine Führungspersönlichkeit ist. Dabei kann Lachen, Humor, ein fröhliches Auftreten nicht nur zur Entspannung in unangenehmen Situationen im zwischenmenschlichen Bereich dienen, sondern auch in einer Unternehmenskultur einen wesentlichen Beitrag zur Motivationssteuerung von Mitarbeitern liefern. Da es nämlich nicht möglich ist, gewisse Dinge und die entgegengesetzten dazu zur gleichen Zeit zu machen, kann man nämlich auch nicht herzhaft lachen und gleichzeitig aggressiv sein. In den 1940er- und 1950er-Jahren haben die Menschen viel mehr gelacht als heute. Aber anscheinend ist es jetzt nicht mehr zeitgemäß. Schon sonderbar. Denn humorvolle Menschen sind leistungsfähiger, kontaktfreudiger und erfolgreicher.

LACHEN KANN MAN TRAINIEREN!

Über ein Dutzend Lachclubs gibt es in Österreich, unter anderem in Wien, Innsbruck und Graz, und selbstverständlich in allen großen Städten Deutschlands. Auch die Volkshochschulen bieten Lachkurse und Lachyoga an. Lachen ist in!

Die Praktik des Lachyogas kommt aus Indien. Begründer ist Madan Kataria, der 1995 mit seinem ersten „Lachclub" in Mumbai (dem damaligen Bombay) begann. Derzeit gibt es mehr als 6000 Lachclubs in den USA, Kanada, Frankreich, Deutschland, Spanien, Italien, Schweden, Australien und vielen anderen Ländern. An jedem ersten Sonntag im Mai feiert die Lachyoga-Bewegung den Weltlachtag. Um 14 Uhr mitteleuropäischer Zeit treffen sich Lachyoga-Freunde auf der ganzen Welt, um für eine Minute ein globales Gelächter für den Weltfrieden in den Himmel zu schicken.

Beim Lachyoga wird ohne Zuhilfenahme von Witzen gelacht, denn nach Katarias Theorie ist die Wirkung des Lachens unabhängig vom Grund. Es sei daher nicht notwendig, Humor zu haben. Durch Blickkontakt, rhythmisiertes Sprechen (ho-ho-ha-ha-ha) und Gruppendynamik entstehe ein echtes Lachen, das sich verbreitet.

„WIR LACHEN NICHT, WEIL WIR GLÜCKLICH SIND – WIR SIND GLÜCKLICH, WEIL WIR LACHEN!"

MADAN KATARIA

Da man nicht gleichzeitig lachen und denken kann, soll Lachyoga eine positive Auswirkung auf den Geist haben. Ähnlich wie bei einer Meditation führe das Lachen zu einer geistigen Entspannung. Zudem berichten Teilnehmer von Lach-Seminaren immer wieder, dass sie danach nicht nur eine positivere Grundstimmung hatten, sondern auch freier und kreativer im Denken waren. Mit einem einmaligen Besuch von Lachyoga-Stunden oder Lachseminaren ist es freilich nicht getan – auf das regelmäßige Training kommt es an. Wie immer lautet der Grundsatz für ein fröhlicheres, schöneres Leben: üben, üben, üben!

Doch es muss nicht gleich ein Lachclub sein. Lächeln Sie doch einfach – unabhängig von Ihrer Stimmung – jeden Tag in den Spiegel! Freudehormone werden ausgeschüttet, wenn Sie die „Mundwinkel-nach-oben"-Übung machen: indem Sie ganz bewusst die Mundwinkel nach oben ziehen!

TIPP:

LEBEN SIE MIT BEGEISTERUNG UND HINGABE. *ES ZÄHLT WENIGER DAS „WAS", SONDERN VIELMEHR DAS „WIE". SIE GEWINNEN AN LEBENSSINN, WENN SIE IN BESTIMMTEN TÄTIGKEITEN „AUFGEHEN" KÖNNEN, WOMIT AUCH IMMER SIE SICH BESCHÄFTIGEN (MIT ANDEREN MENSCHEN, MIT PFLANZEN USW.) – WICHTIG IST, DASS SIE IHRE BEGEISTERUNG ENTDECKEN.*

LEBEN UND NICHT GELEBT WERDEN!

Im Buch „Der Kaufmann und der Papagei" (N. Peseschkian) findet sich eine wunderbare Geschichte, die verdeutlicht: Sie können es nicht allen recht machen!

In dieser Geschichte geht es darum, dass der Sohn die Welt sehen will und dessen Vater dem Anliegen, nun ja, kritisch gegenübersteht. Die Menschen seien sonderbar, meint er, jeder hat andere Ansichten. Doch letztlich lässt er sich erweichen, und so machen sich Vater und Sohn mit ihrem Esel auf den Weg.
Bald schon begegneten sie einem Bauern, der meinte: „Warum setzt sich denn nicht einer von euch auf den Esel – er kann doch einen tragen." Daraufhin setzte sich der Vater auf den Esel, doch ein Wanderer ermahnte ihn später: „Der kleine Bengel versucht, mit dem Esel Schritt zu halten, während du dich tragen lässt!" Also tauschten sie die Plätze, bis eine alte Frau entsetzt war, dass der Junge getragen wurde und der Ältere gehen musste. Sie setzten sich nun zu zweit auf das Tier. Doch ein edler Herr machte sie aus seiner Kutsche heraus aufmerksam, dass der Esel bald eingehen werde, wenn er beide tragen musste. So beschlossen Vater und Sohn, das Lasttier zu tragen. Als sie bei einem Wirtshaus vorbei kamen, machte sich ein Gast über sie lustig: „Ihr seid ja wirklich zwei Dummköpfe, wenn ihr den Esel trägt, anstelle auf ihm zu reiten. Und wenn ihr schon nicht auf ihm sitzen wollt, dann könnt ihr doch wenigstens neben ihm hergehen." Und so waren sie wieder an dem Punkt angelangt, wie sie von zu Hause weggegan-

gen waren: Vater und Sohn gingen und führten den Esel neben sich am Halfter.
Der Sohn überlegte lange vor sich her, ehe er den Vater fragte: „Kann man es denn keinem Recht machen?" Und erhielt als Antwort: „Ja – das habe ich dir ja gesagt."

Als ich fast schon am Ende meiner Ausbildung war, durfte ich manchmal als Malerlehrling selber die Farben für das Streichen einer Hausfassade mischen. Zuweilen machte ich dann den Kunden einen Farbvorschlag, und ich liebte eher die kräftigen Farben. Doch als Antwort hörte ich dann oft: „Mit dieser Farbe können wir das Haus nicht streichen – was glaubst du denn, was dann die Nachbarn sagen werden?!"

Es ist dies nur ein weiteres Beispiel von „gelebt werden und nicht das eigene Leben leben". Denn zu viele Menschen machen immer andere Personen, andere Dinge für ihr Leben verantwortlich – die Gesellschaft, die Kollegen am Arbeitsplatz, die wirtschaftliche Lage, die gegenwärtige Situation in der Familie, den Partner, das Wetter... letztlich sind sie Zuschauer ihres eigenen Lebens. Sie lassen sich bestimmen und bestimmen sehr wenig selber.

Wie oft passiert es uns, dass wir auf die Anzeige unseres Mobiltelefons blicken, die Nummer oder den Namen erkennen und uns denken: „Oh je, das wird jetzt wieder dauern", weil uns gerade wieder jemand sucht, der uns Energie raubt – ein richtiger Energiefresser eben. Wissen Sie, was die größten „Energieräuber" sind? Das sind Menschen, mit denen man zwar muss, aber nicht will und kann.

Leben, und nicht gelebt werden, beginnt gerade mit der Zeiteinteilung. Es gibt Beruf-Zeit, Privat-Zeit und die Zeit für sich selbst, die Eigen-Zeit.

Diese Eigen-Zeit, oder „Ich-Zeit", wie ich sie nenne, ist Zeit ganz für Sie! Sie planen sie bewusst für sich selbst, legen sich mit einem guten Buch – das Sie privat, nicht für Ihre Arbeit, lesen wollen – in die Hängematte oder in die Badewanne. Oder Sie gehen alleine spazieren, verzichten dabei auf die Berieselung durch Musik aus einem Kopfhörer, und genießen jeden Schritt, den Sie auf Feld- und Waldwegen machen. Gehen Sie einem Hobby nur für sich selbst nach und gehen Sie in diesem auf! Schärfen Sie Ihre Sinne, entschleunigen Sie dadurch Ihr Leben.

Selbstbestimmung ist ein entscheidender Meilenstein auf dem Weg zum Erfolg, Fremdbestimmung hingegen macht Stress, raubt Energie und führt in letzter Konsequenz zum Burn-out. Laut der Welt-Gesundheits-Organisation WHO werden Burn-out und Depression bis zum Jahr 2020 die Volkskrankheiten Nummer 1 in Europa, aber schon jetzt sind die Kosten zur Behandlung dieser psychisch-mentalen Krankheiten die höchsten Ausgaben im gesamten Gesundheitsbereich.

Eine aktuelle Studie (2012) der Deutschen Angestellten Krankenkasse (DAK) brachte schockierende Zahlen zutage. So verspüren zehn Prozent aller Arbeitnehmer regelmäßig das Bedürfnis, am Arbeitsplatz einzuschlafen. 47 % leiden unter Schlafproblemen, fast 25 Prozent unter dauerhaften Schlafstörungen. 14 % nehmen Medikamente, um zum Schlaf zu finden. Doch gerade Schlaflosigkeit und fehlende Regeneration führen zu Herz-Kreislauf-Erkrankungen, chronischen Schmerzen und Depressionen.

„Ausgebrannt sein" lautet der Ausdruck im Volksmund, und er vermittelt ein lebhaftes Bild von einem ausgebrannten Gebäude, von dem nur mehr eine angeräucherte Mauerfassade steht. Die Fenster sind zu Bruch gegangen, der Dachstuhl in Flammen aufgegangen, der Blick in das Innere trostlos. Es regiert die Leere. Von geschmackvoller Einrichtung keine Spur, Wertgegenstände (selbstverständlich) Fehlanzeige. So können auch wir uns fühlen, wenn wir ausgebrannt sind: nur mehr eine leere Hülle, ideen- und geistlos, und nicht mehr schön anzuschauen.

Der Weg zum letztlich lebensbedrohenden Burn-out vollzieht sich in mehreren Etappen. Es beginnt mit dem Zwang, sich beweisen zu wollen, was zu noch mehr Einsatz in der Aufgabe führt und ein Gefühl der Unentbehrlichkeit im Job hochkommen lässt. Kaffee, Alkohol, Nikotin und andere Drogen müssen als Hilfsmittel herhalten, um Gefühle der Schwäche zu übertünchen. Letztlich nützen auch diese nichts mehr, wenn Berufs- und Privatleben entgleiten und nur mehr eine Fassade aufrechterhalten wird. Dem Abbau kognitiver Fähigkeiten folgen Verhaltensänderungen, Entfremdung, Panikattacken und das Gefühl der Hoffnungslosigkeit. Die psychische und physische Erschöpfung ist lebensgefährlich – im völligen Burn-out besteht große Selbstmordgefahr.

Ein Mentalcoach oder Lebens- und Sozialberater kann in der Prävention von Burn-out hilfreich sein – doch dann ist ein Therapeut und Arzt gefragt!

Der Burn-out-Zyklus nach Freudenberger/North

1 DER ZWANG, SICH ZU BEWEISEN

Wenn der Wunsch, sich zu beweisen, zum Zwang wird: *verbissene Entschlossenheit, übertriebene Ansprüche an sich, Perfektionismus, Daueranspannung, verstärktes Tempo, durchgehender „Turbo"-Antrieb.*

2 VERSTÄRKTER EINSATZ

Wenn der Zwang zum Druck wird: *verstärkter Einsatz durch schlechtes Gewissen, überspanntes Verantwortungsgefühl, Überkompensation der Ängste, massive Dringlichkeit von Aufgaben.*

3 VERNACHLÄSSIGUNG EIGENER BEDÜRFNISSE

Wenn eigene Bedürfnisse übergangen werden: *reduzierte Aufmerksamkeit und Sensibilität für sich selbst, Verleugnung eigener Bedürfnisse, starres Fixieren auf die Aufgabe, Erschöpfungszustände, häufige kleinere Fehlleistungen und Unfälle, Vergesslichkeit.*

4 VERDRÄNGUNG VON KONFLIKTEN UND BEDÜRFNISSEN

Wenn die Verleugnung manifest wird: *verleugnen, rationalisieren und verschieben von Konflikten, Ersatzbefriedigungen (essen, shoppen), chronische Müdigkeit, gesundheitliche Einbrüche.*

5 UMDEUTUNG VON WERTEN

Wenn Zwischenmenschliches an Wert verliert: *Verlust von emotionalen Werten, zunehmende Berechnung und Härte, übertriebenes Kontrollbedürfnis, Verwirrung, Selbstisolation.*

6 VERLEUGNUNG DER PROBLEME

Wenn sich die Verleugnung verstärkt: *Zynismus, Bitterkeit, Härte gegen sich und andere, starres Denken, Intoleranz, zunehmende Isolation.*

7 RÜCKZUG
Wenn die Isolation zunimmt:
Rückzug nach innen, Vermeiden von Kontakten, eigenbrötlerisches Verhalten, emotionale Verflachung, Fluchtmechanismen, „falsche Therapien" (Zigaretten, Alkohol).

8 VERHALTENSÄNDERUNGEN
Wenn das Verhalten auf Abschottung abzielt:
paranoide Weltsicht, verstärkter Rückzug, massive Mechanismen, um sich unerreichbar zu machen (Anrufbeantworter, Drogen), Ausreden und Ausflüchte.

9 DEPERSONALISATION
Wenn sich die Persönlichkeit verändert:
Selbstverneinung, Vernachlässigung der eigenen Grundbedürfnisse (Gesundheit), Kontaktverlust, Nichtwahrnehmen fremder Bedürfnisse, mechanisches Funktionieren.

10 INNERE LEERE
Wenn sich die innere Leere ausweitet:
Sucht nach maßloser Ersatzbefriedigung (Alkohol, Sex), Phobien, Panikattacken.

11 DEPRESSION
Wenn das Leben sinnlos wird:
tiefe Verzweiflung und Erschöpfung, Wunsch nach Dauerschlaf, völlige Gleichgültigkeit, Selbstmordgedanken, Selbsthass, Verwahrlosung, Risikoverhalten (Verkehr).

12 VÖLLIGE BURN-OUT-ERSCHÖPFUNG
Wenn die Erschöpfung lebensgefährlich wird:
Ich-Verlust, starke Bedrohung des Immunsystems, schwere Krankheitsanfälligkeit, psychischer und physischer Zusammenbruch.

15 MINUTEN WIRKUNGSVOLLER SCHLAF

Auch wenn andere Ihnen sagen, was Sie tun und lassen sollen: Belastung und Entlastung müssen Hand in Hand gehen. Sie selbst sollten am besten wissen, wie viel Sie arbeiten können, ehe Sie eine Pause benötigen, um danach mit neuer Kraft wieder an den Schreibtisch zurückkehren zu können. Entwickeln Sie ein Gespür dafür, wie viel Sie leisten können, ehe Sie pausieren müssen! Im Sport hat die Trainingswissenschaft ohnehin zweifelsfrei festgestellt, dass der tatsächliche Trainingszuwachs in der Regenerationsphase geschieht: Durch das körperliche Training wird ein Muskel, vereinfacht formuliert, ermüdet und verletzt. Durch die Regeneration stellt er sich wieder her und wird stärker. Dadurch ist klar, dass die Ruhepausen als Teil des Trainings zu sehen sind. Der Leistungsumfang oder die Leistungsintensität kann dann im nächsten Trainingsblock höher oder intensiver sein.

Doch Pausen machen heißt, auch tatsächlich zu regenerieren, und nicht zu sagen: Dann schalte ich den Computer am Sonntag eben nur für zwei oder drei Stunden ein, oder ich gehe nur am Vormittag ins Büro.

TIPP:

SEIEN SIE SICH SELBST DER WICHTIGSTE UND WERTVOLLSTE MENSCH!
WENN ES IHNEN GUT GEHT, GEHT ES AUCH DEN PERSONEN RUND UM SIE HERUM GUT. LEBEN SIE, UND WERDEN SIE NICHT GELEBT!

Was sich zu Zeiten großen Arbeitsaufkommens gut bewährt, ist der sogenannte „power nap", der in Japan Inemuri und in China Xeu-Xi genannt wird. In Asien ist es schon lange üblich, in der U-Bahn, auf der Parkbank, am Arbeitsplatz oder sogar in Konferenzen kurz ein Nickerchen zu machen. Als „Energieschlaf", „catnap", „power nap" oder „Superschlaf" bezeichnet, hat diese Gewohnheit inzwischen ihren Weg auch nach Europa gefunden. Durch die kurze Schlafphase sollen Mitarbeiter neue Energie tanken. Es soll jedoch vermieden werden, länger als 20 Minuten zu schlafen, da sonst der Körper in eine Tiefschlafphase fällt. Die erhöhte Leistungsfähigkeit steigt in diesem Fall zwar kurzfristig, fällt dann aber auch wieder schnell ab. 15 bis 20 Minuten Schlaf hingegen steigert die Leistungsfähigkeit und ist auch gesund gegen Herzinfarkt!

Auch ich griff bei meinen RAAM-Teilnahmen zum „power nap", genoss und entspannte für 10 bis 15 Minuten, und verschob alle Gedanken auf später, wenn ich mich dann nämlich wieder in den Sattel schwang. Man glaubt es kaum – aber es hatte wirklich eine unglaublich erholsame Wirkung!

ENTSPANNUNG UND ENTSCHLEUNIGUNG

Nun hat nicht jeder von uns eine Inemuri-Liege bei sich zu Hause oder im Büro stehen, die auf ihre Benützung wartet. Wahrscheinlich haben es sogar die wenigsten! Doch was viel schwerer wiegt ist die Tatsache, dass die meisten von uns mit Begriffen wie „Entspannung" oder „Entschleunigung" wenig anfangen können. Zwar wissen wir alle, dass sich Fortschritte lediglich in der Wechselwirkung zwischen Spannung und Entspannung erzielen lassen und dass es Körper und Geist auch mal guttut, nicht gefordert zu werden – andererseits leben wir in einer Leistungsgesellschaft, die Tag für Tag nichts anderes als harte, konsequente, konstante Arbeit einfordert, damit Tag für Tag Bestleistungen in den verschiedenen Bereichen erzielt werden können: bessere Verkaufszahlen, nächste Geschäftsabschlüsse, noch bessere Kundenberatung. Und wenn dann an Ruhepausen gedacht wird, sagen vielleicht auch Sie sich: Nun gut, mache ich heute eben eine halbe Stunde früher Schluss (und hängen den ganzen Abend mit Ihren Gedanken noch bei der Arbeit). Oder Sie verweisen auf den wöchentlichen Tennisabend oder das sonntägige Frühschoppen – das muss doch Entspannung und Entschleunigung genug sein, oder etwa nicht?

Nein. Ist es nicht.

Entspannung will gelernt und geübt sein, und es kommt dem Menschen entgegen, dass Muskelanspannung und Gehirnfrequenz in engem Zusammenhang stehen. Will heißen: Wenn sich der Muskeltonus verändert, dann zieht dies auch eine Frequenzsenkung der Gehirnwellen mit sich – und umgekehrt. Diese Erkenntnis geht auf den Arzt und Wissenschaftler Dr. Edmund Jacobson zurück. Der US-Amerikaner, der von 1888 bis 1983 lebte, konnte durch umfangreiche wissenschaftliche Untersuchungen den Zusammenhang zwischen übermäßiger muskulöser Anspannung und unterschiedlichen körperlichen und seelischen Erkrankungen nachweisen. Er stellte fest, dass Spannung und Anstrengung immer mit einer Verkürzung der Muskulatur einhergehen und erkannte die Entspannung als das genaue Gegenteil von Erregungszuständen. Jacobson fand heraus, dass die Reduktion des Muskeltonus die Aktivität des Zentralen Nervensystems herabsetzt und Entspannung sich als allgemeines Heilmittel für psychosomatische Störungen und zur Prophylaxe eignet.

Entspannungsübungen sollen dazu dienen, die Muskulatur zu lockern, diese quasi „loszulassen". Wir machen dies entweder suggestiv, über Vorstellungsbilder, die den Muskeltonus direkt oder über die Atmung zum Loslassen bewegen. Oder wir unterstützen die Entspannung durch die progressive Muskelrelaxation – durch die voranschreitende Muskelentspannung.

Diese auf Edmund Jacobson zurückgehende Methode erscheint paradox: Entspannung wird durch vorangegangene Anspannung erreicht. Die Entspannungsphase muss dabei deutlich länger als die Anspannungsphase sein. Der Entspannungsprozess kann dadurch unterstützt werden, dass die Aufmerksamkeit möglichst genau auf den Wechsel von Anspannung und Entspannung gerichtet ist. Während Edmund Jacobson ein ausführliches Programm mit 16 Muskelgruppen empfahl, gibt es nunmehr auch weniger zeitaufwendigere Übungsformen.

Eine ausführliche Erklärung und Übungen zur progressiven Muskelentspannung finden Sie im Buchhandel oder im Internet.

TIPP:

BESORGEN SIE SICH CDs, DIE SIE DURCH DIESE ENTSPANNUNGSÜBUNGEN FÜHREN!

Erst wenn die Muskulatur gelockert ist, somit wir uns auch gedanklich in einem „Wohlfühlzustand" befinden, können wir freie Räume in uns schaffen, um unsere Energie neu zum Fließen zu bringen oder um Abstand vom Alltag zu gewinnen!

Entspannungsübungen werden mit Sicherheit positive Effekte erzielen, wenn wir ihnen aufgeschlossen gegenüber stehen und gewillt sind, uns Zeit für uns selbst zu nehmen. Durch sie können wir in unserem Leben ausgeglichener, ruhiger, freundlicher – und dadurch auch erfolgreicher und zielstrebiger werden. Die Entschleunigung des Lebens mag nicht zu Ihren großen Zielen gehören – über sie nachzudenken wäre allemal sinnvoll.

Entschleunigung bedeutet, aktiv im privaten und beruflichen Bereich der Beschleunigung des Lebens entgegenzuwirken. In der Tat muss in unserem 21. Jahrhundert alles schnell und noch schneller gehen. Effektivität,

Komplexität, Hast und Eile sind einige der Schlagworte, das Olympische Motto „citius, altius, fortius“ (schneller, höher, stärker) gilt nicht nur für den Sport, sondern für alle Lebensbereiche. Die Entschleunigung will – als Geisteshaltung – diesem Trend entgegenwirken. Der Gedanke ist nicht neu. Eines der Leitmotive von Adalbert Stifters Werk „Der Nachsommer“ ist, jede Bewegung zu verlangsamen und so den Fluss der Zeit anzuhalten.

TIPP:

ENTSCHLEUNIGEN SIE IHR LEBEN! NEHMEN SIE SICH BEI IHREN MAHLZEITEN ZEIT: SLOWFOOD STATT FASTFOOD! ÜBERPRÜFEN SIE IHREN TAGESABLAUF UND ERKENNEN SIE, WO WEITERES ENTSCHLEUNIGUNGSPOTENZIAL STECKT!

LERNEN, LERNEN, LERNEN!

Oft genug erwähne ich in diesem Buch, wie wichtig die Übung ist. Üben, üben, üben lautet ein Grundsatz von mir. Nur ständige Wiederholung, nur das Eintauchen in die Materie macht einen Meister. Doch gleich wichtig ist mir auch das Konzept des Lernens, und wir können auf verschiedene Art und Weise unser Wissen vermehren.

Lernen heißt, neue Informationen über unsere verschiedenen Sinne aufzunehmen, diese mit bereits in unserem Gedächtnis vorhandenen Inhalten zu verknüpfen und so abzuspeichern, dass sie merk- und abrufbar werden.

- Wir lernen während unserer Erziehung, im Kindergarten, in der Schule
- Wir eignen uns theoretisches Wissen an aus Büchern und fachspezifischen Internetseiten
- Wir lernen durch unsere eigenen Erfahrungen, „Lernen durch Handeln" und durch Versuch und Irrtum
- Wir lernen durch die Erfahrungen anderer, indem wir Familie, Freunde und Bekannte um Rat fragen, indem wir uns mit diesen auf Social Media-Plattformen austauschen oder Weiterbildungskurse oder Vorträge besuchen
- Und wir lernen auch durch Schmerz

Das Lernen beginnt von Kindesbeinen an. Da sagen uns die Eltern, was wir tun und lassen sollen, und wie man gewisse Dinge erledigt. Wir lernen, dass wir mit den Händen nicht auf die heiße Herdplatte greifen sollen, und wenn wir es dann doch tun, ist es lernen aus eigener

Erfahrung und lernen durch Schmerz. Im Kindergarten lernen wir zu malen und die Schnürsenkel zu binden (wenn wir es nicht schon zuvor erlernt haben), und in der Schule geht es weiter mit dem praktischen und theoretischen Wissenstransfer.

Wir werden älter und beginnen, Interessen, Vorlieben und Neigungen zu entwickeln. Wir wollen mehr über Sportarten oder Opern erfahren und bilden uns weiter – kaufen Bücher, CDs oder DVDs, checken Internetseiten. Auch ich belasse es nicht nur bei täglichen Trainingseinheiten auf meiner Lauf- oder Radrunde, sondern lerne lesend immer dazu, in Büchern über Berge und Sport und in diversen Ratgebern.

Lernen aus eigener Erfahrung ist einfach, weil man wenig dazu tun muss, außer aufmerksam zu beobachten: es ist das Sich-Kennenlernen. Glauben Sie mir, bei 5000 Kilometern am Stück auf dem Rennrad lernen Sie sich verdammt gut kennen. Aber es gibt realitätsnähere Beispiele: Wenn Ihnen bei einer Autofahrt der Treibstoff gerade in einem Tunnel ausgeht, wird Ihnen dies kein zweites Mal passieren. Wenn Sie sich von einem Herzinfarkt erholt haben, werden Sie die notwendigen Schlüsse für Ihr Leben ziehen – oder besser formuliert: sollten Sie ziehen. Statistiken besagen allerdings, dass 90 Prozent aller Herzinfarkt-Patienten es nicht schaffen, ihr Leben nachhaltig zu verändern, obwohl es um Leben und Tod geht. Auch hier gilt: Dauerhafte Veränderungen benötigen Zeit. Wenn Sie mit einem neuen Softwareprogramm oder einem neuen Kassasystem umzugehen haben, werden Sie es erlernen. Lernen aus eigener Erfahrung bedeutet auch, mit der notwendigen Gelassenheit den Blick zurückzuwerfen auf Geschehenes, es zu werten und zu bewerten. Was würde ich in dieser Situation anders machen? Wie würde ich mich das nächste Mal besser verhalten? Lernen aus eigener Erfahrung bedeutet aber auch, sich die notwendige Zeit für diesen Lernprozess einzuräumen, weil Veränderungen nicht immer von heute auf morgen passieren.

Lernen aus der Erfahrung anderer muss gekonnt sein. Wer von seinen Erfahrungen erzählt, sollte schon ehrlich gewillt sein, Wissenstransfer zu betreiben. Und wer nach Erfahrungen anderer fragt, sollte auch ehrlich annehmen können. Erfahrungsaustausch gibt es in fast allen Bereichen des Lebens. Denken wir an eine Schutzhütte im Hochsommer, auf der sich Bergsteiger einfinden und sich untereinander austauschen. Wie schaut es denn auf dem Weg zu diesem und jenen Gipfel aus? Und wird das Wetter heute halten? Die letzte Instanz ist dann meistens der Hüttenwirt, der Experte dieser Gegend. Doch nicht immer sind wir in der Lage, Empfehlungen und Ratschläge anzunehmen, weil wir denken, es besser zu wissen. So sollten wir einerseits interessiert zuhören, wenn wir an den Erfahrungen anderer teilhaben können, andererseits aber auch aufmerksam sein. Denn es ist kein Zeichen von Meisterschaft, eine Fertigkeit seit Jahrzehnten ausgeübt zu haben – diese Person kann sie ja eventuell immer noch nicht hundertprozentig beherrschen. Kennen heißt nicht: können.

Lernen durch Schmerz ist schmerzvoll. Dabei kann es sich in der Tat um Schmerzen handeln. Als ich 2007 mein letztes „Race Across America" bestritt, war ich bis zum vierten Tag sehr gut unterwegs, obwohl es das Wetter nicht gut mit uns gemeint und es hauptsächlich geregnet hatte. Am Tag vier erhielt ich die Rechnung präsentiert: eine

Verkühlung einerseits, große Nackenprobleme andererseits. Ich war nicht mehr in der Lage, den Kopf hochzuhalten, da ich mich im oberen Wirbelsäulenbereich kraftlos fühlte. Meine anfänglichen Gedanken, dass es sich lediglich um eine Verspannung handle, waren falsch. Klar war auch, dass sich die körperlichen Defizite unter Belastung nicht zum Positiven verändern lassen würden.

Mein Nacken wurde mit Salben eingerieben und ich erhielt einen „Stifneck" verpasst. Diese Nackenstütze erhalten normalerweise Schwerverletzte, wenn sie von der Unfallstelle Richtung Rettungswagen und Krankenhaus abtransportiert werden und wenn befürchtet wird, dass die Halswirbelsäule in Mitleidenschaft gezogen worden ist. Der Stifneck dient der Stabilisierung – doch in meinem Falle rieb es mir an den folgenden heißen Tagen den Kinnbereich wund. Die Nahrungsaufnahme wurde zu einer Qual, ich konnte nur kleine Bissen kauen und gerade mal noch aus der Trinkflasche Flüssigkeit zu mir nehmen. Da ich den Kopf nicht mehr heben konnte, war die Tatsache, nur mehr über ein eingeschränktes Blickfeld zu verfügen, am schlimmsten. Ich sah die weißen Markierungen am Straßenrand und in der Mitte der Fahrbahn – und sonst gar nichts mehr: keine Ampeln, keine Kreuzungen, keine scharfen Kurven. Ich musste mich voll und ganz auf die Anweisungen und Zurufe meiner Begleiter verlassen. Aufgeben war keine Option, langsamer fahren sehr wohl, auch wenn die Verfolger immer näher kamen. Ich erreichte das Ziel in Atlantic City an zweiter Stelle liegend in 8 Tagen 23 Stunden und 20 Minuten – nach einer gefährlichen, ja halsbrecherischen Leistung und (einmal mehr) mit der Erkenntnis, dass ich es ohne meine Crew nicht geschafft hätte.

Lernen durch Schmerz geht auch anders. Als ich noch als Maler-Lehrling zu Beginn meines Berufslebens tätig war, durfte ich nicht nur Räume selber ausmalen, sondern auch Farben mischen. Als ich angefangen hatte, merkte ich, dass die Mischung nicht genau passte und geriet ins Grübeln. Trotzdem malte ich weiter und hoffte einfach, dass die Farbe besser würde. Als dann der Malermeister kam und meine Arbeit gesehen hatte, ermahnte er mich und fragte, warum ich ihn denn nicht gleich um Hilfe gebeten hätte. Dann hätte ich mir und er sich viel an Zeit und Arbeit erspart. Lernen durch Schmerz bedeutet oftmals, um Hilfe zu fragen. Wenn sich an Ihrem Arbeitsplatz die Ordner zu stapeln beginnen, dann warten Sie nicht so lange zu, bis Sie Ihnen links und rechts um die Ohren wachsen, sondern bitten schon früher um Unterstützung!

TIPP:

MACHEN SIE ES SICH ZU EINER LEBENSAUFGABE, JEDEN TAG ETWAS NEUES ZU LERNEN, DURCH ERFAHRUNG ODER BEOBACHTUNG.

ERFOLG PASSIERT IM KOPF

Ehe der US-amerikanische Tennisspieler Andrew Agassi das Tennisturnier in Wimbledon gewinnen konnte, 6:7, 6:4, 6:4, 1:6, 6:4 im Finale 1992 gegen den Kroaten Goran Ivaniševič, hatte er es schon 10.000-mal zuvor gewonnen – in seinem Kopf, wie Agassi selbst beschreibt. Was er zunächst nur gedanklich durchlebte und sich mental vorstellte, wurde Realität.

In einer gewissen Art und Weise wird das Gehirn überlistet. Denn dieses unterscheidet nicht zwischen einem tatsächlich erlebten und einem in der Vorstellung erlebten Ereignis. Deswegen ist es nicht nur wichtig, sondern wertvoll, Bilder im Kopf zu haben: wie es sich anfühlt, auf dem Gipfel des Berges zu stehen, in einer neuen Wohnung zu leben, ein neues Auto zu fahren. Begeben Sie sich mit all Ihren Sinnesorganen und dem Gefühl, dem sechsten Sinn, in dieses mentale Bild!

TIPP:

SEHEN SIE SICH IN BILDERN ERFOLGREICH!

Beim Aufstieg zum Mt. Everest habe ich mir auch nicht gedacht: „Der Berg ist so hoch, er ist technisch so schwer, ich weiß nicht, ob ich es bis zum Gipfel schaffen werde, aber probieren wir es einmal." Wie groß wäre die Chance gewesen, es zu schaffen? Prozentuell sicherlich geringer, als sie mir von der Expeditionsleitung in Aussicht gestellt worden war: 30 Prozent. Doch ich stellte mir nicht mein Scheitern am „second step" vor. Dies ist eine Schlüsselstelle des Berges auf dem Nordostgrat auf 8610 m; die Felsstufe weist eine Kletterhöhe von etwa vierzig Metern auf, von denen die letzten fünf fast senkrecht sind. Mittlerweile ist die Felsstufe durch eine 1975 von einer chinesischen Expedition eingerichteten Leiter entschärft. Vielmehr hatte ich jene Bilder im Kopf, die sich dann bewahrheiteten: wie ich am Gipfel stand, und wie ich sicher und gesund wieder im Basislager ankam.

Rituale sind ebenfalls vorzüglich geeignet, einen Erfolgsprozess zu initiieren. Letztlich ist ein Ritual nichts anderes als eine Aktion, mit der eine Trennlinie gezogen wird, zwischen dem, was war und dem, was ist. Der US-amerikanische Alpin-Superstar Lindsey Vonn sagte einmal in einem Interview mit „Newsweek": Der gesamte Morgen eines Renntages sei ein einziges Ritual, das dazu diene, ihr das notwendige Selbstvertrauen zu geben. „Nachdem ich aufgestanden bin, mache ich mein Work-out und höre dabei Rap-Musik. Damit kommt mein Geist in einen wachen, aggressiven Zustand. Wenn ich dann im Starthäuschen stehe, bin ich recht ruhig. Ich habe da den Kurs schon hundertmal visualisiert und weiß ganz genau, was ich zu tun habe..."

Auch Skispringer Andreas Goldberger hatte sein Ritual am Absprungbalken: Er rückte beispielsweise auf dem Balken immer seine Brille zurecht, zog am Helmband, rümpfte sich die Nase, zuckte dann mit den Schultern und fuhr los. Das Start-Ritual eines Golfers indes mag beginnen, wenn er den Schläger aus dem Sack holt und die wenigen Schritte zum Ball zurücklegt. All dies sind Real-Rituale, so, wie auch Ihr Ritual real ist, wenn Sie die Bürotür hinter sich schließen und sich sagen: Hier und jetzt beginnt die

Freizeit! Sich ständig wiederholende Rituale werden im Unterbewusstsein verankert und in gewissen Situationen automatisch abgerufen.

Während meines Radrennens quer durch Amerika 1999 hatte ich ein kleines Fläschchen mit dabei, das mit Wasser aus dem Pazifik gefüllt war. Es war mein Ziel, dieses Nass am Zielort in den Atlantik zu gießen und somit „Wasser mit Wasser" zu vermischen. Wir hängten das Fläschchen im Begleitfahrzeug an den Spiegel. Immer dann, wenn ich in schwierige Situationen geriet, wenn die Geraden in Oklahoma kein Ende nahmen und ich mich in einer Krisensituation befand, indem ich an 40.000 zu überwindende Höhenmeter (also 17-mal den Großglockner hinauf) dachte, ließ ich mir das Fläschchen reichen. Es war mein „Anker", mein sichtbarer Grund, warum ich das Rennen zu Ende bringen wollte.

Ein Ritual, das sich im Laufe der Zeit eingebürgert hat in meinem Leben, ist das Schaffen von Bildern in meinem Kopf durch Musik. Als ich 1998 erstmals nach Nepal reiste, hörte ich noch aus einem Walkman für Kassetten jene Lieder, die ich auch heute noch höre. Mit ihnen verbinde ich Worte wie Freiheit, Energie, Kraft, Tatenlust, Ausdauer, Gesundheit, Liebe, und sie helfen mir, meine Erfolge gedanklich vorwegzunehmen. Auch bei meinen Referaten setze ich auf die Macht der Bilder – in einem doppelten Sinne. Ich spreche bei einem Ganztages-Vortrag frei, weil wenige Bilder, an die Wand projiziert, viele weitere Bilder in meinem Kopf auslösen, ich über diese spreche und über diese meine Botschaften transportiere. Und Bruce Springsteens „Born to run", mit den dazugehörenden optischen Reizen, ist mein Auftakt-Ritual bei Vorträgen, die Grenze zwischen dem was war und dem, was von nun an ist.

VON NORMEN UND WERTEN UND DER LIEBE

Werte bezeichnen erstrebenswerte, wertvolle oder moralisch gute Eigenschaften und Qualitäten. Die Bedeutung verändert sich klarerweise, wenn der Fokus von den subjektiven Werten einer Einzelperson zu objektiven Werten einer Gesellschaft verschoben wird. Die Diskussion um Werte ist so alt wie die Menschheit. Aristoteles in der „Güterethik" und Platon, der von der Idee des Guten spricht, beschäftigten sich damit, und das aristotelische Gedankengut wurde von der Theologie aufgegriffen (und in der Moraltheologie weitergeführt).

Wenn wir von Werten sprechen, denken wir an moralisch-ethische Grundsätze, denken an das Gute im Menschen. Diese Ideen kann jeder von uns anders interpretieren, und für jeden von uns können sie zu einem früheren oder späteren Zeitpunkt mit den Normen und Werten der Gesellschaft in Konflikt geraten. Für jeden von uns ist es an einer Ampel etwas länger grün oder gelb, oder etwas später rot. Ausgeglichene Personen können meist sehr gut definieren, was ihnen im Leben besonders wichtig ist; sie werden auch ihre Werte-Hierarchie nur selten missachten.

Als ich bei einer Trekkingtour im Himalaja mit einer Gruppe Bergbegeisterter unterwegs war und mit ihnen auch eine schöne und interessante Zeit verbrachte, störte mich das Verhalten einiger Gruppenmitglieder. In den Lodges des Himalaja-Gebirges gibt es nämlich Duschen, die nicht gratis genutzt werden können, sondern umgerechnet drei

Euro kosten. Und irgendwann, klar, benötigt jeder von uns eine gründlichere Reinigung. Ein Teilnehmer fand eine offene Dusche, wusch sich ohne zu zahlen und erzählte später auch noch stolz, dass er sich diese drei Euro gespart hätte – „tut ihr doch das auch!" Das Leben in Asien ist wirklich billig, gerade für uns Mitteleuropäer. Muss ich diesen kleinen Obolus sparen? Oder muss ich einen Restaurantbesitzer hintergehen? Als wir uns in Kathmandu in einem Hotel für zehn Dollar am „all you can eat"-Buffet bedienten, sah ich mehrmals, wie eine Person zahlte, ein oder zwei andere aber mitaßen. Haben wir das wirklich notwendig?!

Die Werte, denen wir uns verpflichtet fühlen, prägen unser Leben. Manchmal ist es nicht so einfach, unsere inneren Einstellungen und vorgeschobenen Werte auseinander zu halten und wir befinden uns in einem Wertekonflikt. Wir möchten uns einerseits als wertvolle Mitglieder der Gesellschaft verhalten, aber gleichzeitig nicht von dieser – also von Geschäftspartnern, dem Finanzamt, den Banken – benachteiligt werden. Wir möchten Gutes tun und spenden wohl auch regelmäßig, aber gleichzeitig suchen wir auch Möglichkeiten, wo wir den einen oder anderen Euro einsparen können. Wir möchten Karriere machen, reich und berühmt werden, aber fragen wir uns auch gleichzeitig, ob es uns dabei auch gut geht?

Gedanken bestehen aus Wörtern und Bildern, die das Verhalten und die Gefühle beeinflussen. Erarbeiten Sie sich einen Wortschatz, der in Ihr tägliches Leben einfließt! Finden Sie Ihre Begriffe, Eigenschaften, Erklärungen. Und es dürfen auch gerne mehrere Wörter pro Buchstabe sein!

Was schätze ich an anderen?

T O L E R A N Z

So, wie es einen Unterschied zwischen „Glück haben" und „glücklich sein" gibt, so gibt es auch einen Unterschied zwischen Wohlstand und Wohlbefinden. Es gibt immer wieder Menschen, die die Erfolgsleiter steil nach oben klettern. Doch wenn diese dann anscheinend ihr Ziel erreicht haben, fühlen sie sich wieder nicht wohl. Waren vielleicht die Ziele nicht hoch genug gesteckt? Übersah man vielleicht während des Strebens nach Erfolg andere wesentliche Werte im Leben? Oder hielt man sich einfach an die falsche Gleichung Wohlstand = Wohlbefinden?

Wohlstand ergibt sich, weil Sie für Ihre Arbeit gut bezahlt werden, weil Sie an einem Ort leben, der für andere unerreichbar scheint, weil Sie immer die neueste Luxuskarosse lenken. Doch wie steht es um Ihr Wohlbefinden?

Lieben Sie die Arbeit, die Sie machen?
Lieben Sie den Ort, an dem Sie wohnen?
Lieben Sie die Zeit, in der Sie leben?
Lieben Sie die großen und kleinen materiellen Dinge, die sie umgeben?

Und daraus folgt zwangsläufig die Frage, ob Sie arbeiten, um zu leben oder leben, um zu arbeiten. Ob Sie die Erfolgsleiter auf der richtigen Seite hochgeklettert sind, oder ob Sie nun ganz oben stehen, mächtig und einsam.

Unsere eigenen Werte, das Gute in uns führt uns zum großen, finalen Ziel: erfolgreiche, freie, selbstbestimmte, selbstbewusste Menschen zu sein. Die negativen Einflüsse in unserem engsten Umfeld tun nichts zur Sache, denn „die einzigen Teufel sind die, die wir selbst in unserem Herzen tragen" (Mahatma Gandhi). Der erfolgreiche, freie, selbstbestimmte, selbstbewusste Mensch entscheidet für sich und sein Leben – in eigener Verantwortung und mit dem positiven Gebrauch seiner Werkzeuge: seiner Gedanken, seiner Sprache, seiner Taten.

Der Schlüssel zu Ihren inneren Werten und zu Ihrer inneren Zufriedenheit ist die Liebe. Es ist das höchste Lebensgefühl, das Sie erreichen können.

Liebe ist die wirksamste Heilkraft und heilt schneller als jede Medizin!

> Das schönste Gefühl hält unseren ganzen Körper von Kopf bis Fuß gesund. Geliebte Personen haben gesündere Herzen, Menschen mit einem innigen Freundeskreis sind seltener erkältet, und Kinder von fürsorglichen Eltern haben ein Schutzschild gegen Krankheiten im Erwachsenenalter. Die Liebe ist die beste Vorsorge und Therapie der Welt – und dazu gratis!

Lieben heißt geben, immer wieder geben!

Wenn Sie Liebe bekommen möchten, brauchen Sie sie nur zu geben. Lieben heißt, etwas von sich selbst zu verschenken, freiwillig, ohne Bedingungen, absichtslos freundlich zu sein. Lieben heißt teilen, das, was man hat, das, was man ist. Liebe ist Gemeinschaftssache. Sich auf Dauer immer nur selbst zu befriedigen, macht auf Dauer keine Freude. Das ist beim Sex so und im Leben.

Liebe ist Selbstliebe.

Doch diese Selbstliebe, diese Selbstwertschätzung ist nicht abhängig von Ihrer Leistung. Sie entsteht ganz einfach dadurch, weil es Sie gibt und weil Sie einzigartig sind auf dieser Welt. Werden Sie glücklich UND erfolgreich – das ist die ganz hohe Kunst der Existenz.

TIPP:

LIEBEN SIE! SICH SELBST. DIE PERSONEN IN IHREM UMFELD. DIE DINGE, DIE SIE BERUFLICH TUN. DIE AKTIVITÄTEN IN IHRER FREIZEIT. JEDEN ATEMZUG IN IHREM LEBEN. LIEBEN SIE!

Was wollen Sie haben, tun oder sein? Dies sind drei Fragen, zu einer zusammengefasst, die wir uns immer und immer wieder stellen, und deswegen ins Grübeln, oder – noch schlimmer – in Grübelkreisläufe kommen. Doch unsere Gedanken sollen positiv und motivierend sein. Unsere Gedanken sollen uns den Weg zu unseren Zielen weisen. Unsere Gedanken sollen uns zu besseren Menschen machen.

Erst dann, wenn wir uns auf die tatsächlich wichtigen Gedanken, die wir denken, konzentrieren, und erst dann, wenn wir uns von diesen schönen, positiven Gedanken leiten lassen, entfalten diese ihre gesamte Wirkung für unser Leben, die Kraft, die in ihnen schlummert. Dann machen diese unsere Gedanken uns zu Menschen, die sich selber annehmen und lieben, und die andere annehmen und lieben können.

Dann werden Gedanken aus unserem Unterbewusstsein heraus weltverbessernd, ohne dass wir diesen Punkt „Heute Welt verbessern" auf unsere Prioritätenliste geschrieben haben.

Ich wünsche Ihnen, dass Sie zu jenen 50 Prozent von Personen gehören, die bei einer Umfrage des Meinungsforschungsinstituts Gallup geantwortet haben, sie fühlten sich glücklich und geliebt. Und wenn nicht – dass dieses Buch dazu beiträgt, Ihre Gedanken zu schärfen. Sie sind der Ausgangspunkt für Ihre Worte und Taten. Für Ihr Leben. Denken Sie positiv und lieben Sie Ihr Sein!

Literaturverzeichnis

Nikolaus B. Enkelmann, Rhetorik Klassik, Gabal, 1999
Richard F. Estermann: Spitze im Sport – Spitze im Beruf, Moderne Industrie, 2002
Jens Corssen, Der Selbst-Entwickler, beustverlag, 2004
Werner Ringhofer/Alois Kogler: Positive Unsicherheit – Erfolgswege in die Zukunft, Funky-Science-Verlag, Graz, 2005
Wolfgang Fasching/Egon Theiner: Erfolgsfaktor Kopf, egoth, 2006 (vergriffen)
Matthias Pöhm, Vergessen Sie alles über Rhetorik, mvg Verlag, 2006
Matthias Pöhm, Präsentieren Sie noch oder faszinieren Sie schon?, mvg Verlag, 2006
Nikolaus B. Enkelmann, Die Macht der Motivation, mvg Verlag, 2006
Rhonda Byrne, The Secret – Das Geheimnis, Arkana, 2007
Roland Geisselhart/Christiane Hofmann: Stress Ade – Die besten Entspannungstechniken, Haufe-Lexware, 2009
Sigurd Baumann, Psychologie im Sport, Meyer & Meyer, 2009
Wolfgang Fasching: Du schaffst was Du willst, Colorama, 2010 (5. Auflage)
Wolfgang Fasching/Egon Theiner: Seven Summits, egoth, 2010
Antoine de Saint-Exupéry, Der kleine Prinz, Rauch, 2010
Reinhold Messner, Berge versetzen: Das Credo eines Grenzgängers, BLV, 2010
Thomas Wörz, Die mentale Einstellung, egoth, 2011
Steve Kroeger, Die 7 Summits Strategie, Gabal, 2011
Roman F. Szeliga, Erst der Spaß, dann das Vergnügen, Kösel, 2011
Andre Agassi, Open, Knaur, 2011
Vera F. Birkenbihl, 115 Ideen für ein besseres Leben, Tandem, 2012
Arthur Lassen, Heute ist mein bester Tag, L.E.T., 2012
Herbert Freudenberger/Gail North, Burn-out bei Frauen, Fischer, 2012
Franz Steinberger/Wolfgang Fasching: Meditations-CD 2001
Skripten Mental College Bregenz

Die Autoren

WOLFGANG FASCHING

wurde am 11. August 1967 in Bad Radkersburg geboren und wohnt mit seiner Frau Doris in Neukirchen bei Lambach in Oberösterreich. Nachdem er als 18-Jähriger mit dem Radsport begonnen hatte, konzentrierte sich Fasching auf Langstreckenrennen, nahm achtmal am „Race Across America" (RAAM) teil, das er 1997, 2000 und 2002 für sich entscheiden konnte und jedes Mal auf dem Podest beendete! Weitere herausragende Momente seiner Karriere als Extremsportler war der Weltrekord 1999 bei „Quer durch Australien" sowie die Siege 2003 beim XXAlps und 2005 bei der Raid Provence Extreme.

2001 bestieg der gebürtige Steirer als 13. Österreicher den Mt. Everest und stand zwischen 2008 und 2009 auf den weiteren sechs höchsten Gipfeln von Europa, Nord- und Südamerika, Antarktis, Afrika und Australien/Ozeanien. Somit hatte Fasching die „Seven Summits" bestiegen. 2011 erklomm Fasching die sieben höchsten Gipfel Österreichs und im August 2012 jene sieben des Alpenraums.

Fasching ist akademischer Mentalcoach, gefragter Vortragender und Seminarleiter zum Thema „Mentale Stärke" für namhafte Institutionen und Firmen. Mit seinen Büchern zählt Wolfgang Fasching zu den Bestseller-Autoren Österreichs. Hubschrauberfliegen ist eines seiner bevorzugten Hobbys.

Internet: www.fasching.co.at

EGON THEINER

wurde am 13. Februar 1968 in Bozen geboren und arbeitete als Redakteur bei der Sonntagszeitung „Zett" (Verlagsgruppe Athesia) in seiner Heimatstadt und bei den „Salzburger Nachrichten". Theiner verfasste und betreute insgesamt über 20 Bücher im Sport- und Selbstmanagement-Sektor; 2004 gründete er den egoth-Verlag, in dem bis heute über 50 Titel erschienen sind – die meisten davon sind vergriffen. Als Medienkoordinator arbeitet Egon Theiner für Organisationskomitees Olympischer Spiele und für internationale Sportverbände.

Internet: www.egoth.at